Gefängnisfreiheit

ein Roman

von Marcus Schulz

Herstellung und Verlag:
Books on Demand GmbH, Norderstedt
ISBN 978-3-8391-8578-0

Erster Teil

Der Traum von der Freiheit

Ich

Mein Name ist unwichtig. Sie mögen jedoch der Meinung sein, der Protagonist einer Erzählung habe gefälligst irgendwie zu heißen, darum nennen Sie mich Harald, das ist ein einprägsamer Name, der seinen Zweck erfüllt. Ich, Harald also, stamme aus einem kleinen Dorf in der Landschaft zwischen Geest und Marsch unweit der Bezirkshauptstadt, die berühmt ist für ihre spätklassizistischen giebelständigen Häuser, mehr noch aber für ihre landwirtschaftliche Verwaltung, die die bäuerliche Tradition über Generationen aus dem 19. Jahrhundert durch die Stürme der Moderne in unsere Zeit gerettet hat.

Besagtes Dorf war in meiner Kindheit meine Welt, eine kleine obzwar, doch mithin eine Welt der Gerüche. Der Wechsel der Jahreszeiten bestimmte den Lebensrhythmus jener Tage und manifestierte sich in den periodischen Übergängen zwischen Stall- und Güllegeruch: Im Winter brüteten die Futtermieten auf den braunen Feldern ein säuerliches Gas aus, süße wohlbekannte Gerüche streiften hingegen im Frühjahr ahnungsvoll das Land und kündeten von den übervollen Düngergruben, die sich über die Äcker ergossen. Zur Sommerzeit entstiegen den Mastställen die Ausdünstungen von tausend Hühnern und flimmerten über den Dükern und Drainagen, die den Transport der Geflügelfäkalien in den Dorfweiher besorgten. Längst war dort kein Fisch mehr gefangen worden, und man wunderte sich, dass selbst primitives Leben in diesem Milieu überdauern konnte. Kam aber die goldene Herbsteszeit, so füllten sich wieder merklich die Kuhställe in unserer Nachbarschaft. So schloss sich Jahr für Jahr meiner behüteten Kindheit.

Doch soll nicht allein von mir in diesem Buch die Rede sein, es wäre gar zu schnell geschrieben. Natürlich bevölkerte ich nicht allein meine Welt, wie wohl auch niemand glauben wird, ich sei im Dschungel des

Agrarlandes etwa von einer wilden Kuh gesäugt und aufgezogen worden. Ich hatte Eltern, zwei Stück an der Zahl, Vater und Mutter, und wenn sie diese Äußerung spöttisch belächeln mögen, so mache ich darauf aufmerksam, dass andernorts die Kinder von zwei Vätern oder zwei Müttern erzogen werden, so etwas ist heutzutage erlaubt und dank mancher mildtätigen Samenspende auch praktikabel.

Mein Vater war klein von Wuchs und trug einen kümmerlichen grauen Vollbart, überhaupt kann ich mich nicht entsinnen, dass seine Farbe (die des Bartes) jemals anders gewesen wäre. Mein Vater legte nie besonderen Wert auf seine äußere Erscheinung, er war gebeugten Hauptes für den Broterwerb in unserer Familie zuständig und musste deshalb auch nicht besonders attraktiv sein. Sein runder Rücken rührte von der harten ländlichen Arbeit her. Wie nahezu alle Männer im Dorf war mein Vater Landwirt, es mochte jedoch noch einen anderen Grund für seine liederliche Haltung geben, der in meiner Mutter Gestalt annahm. Meine Mutter war in jeder Beziehung gewaltig, Leibesumfang, Größe und Stimmvolumen waren enorm. Bezeichnenderweise zierte ein schwarzer Damenbart ihre Oberlippe und wetteiferte mit der spärlichen Gesichtsbehaarung meines Vaters. Einzig ein leichtes Humpeln trübte den imposanten Eindruck meiner Mutter - ich kannte sie nicht anders, als wie sie sich schwankend durch unser Haus bewegte, das sie selten verließ. Später hörte ich Gerüchte, jemand habe ihr mit einer Motorsäge ins Bein gesägt, das ganze sei in einer heftigen Auseinandersetzung geschehen, und dieser jemand sei niemand anderes als mein Vater gewesen. Diese Geschichte klang jedoch allzu fantastisch, und ich habe erst spät begonnen, an ihrer Unwahrheit zu zweifeln.

Außerhalb meines Elternhauses lebten ganz ähnliche Familien, die entweder Harms oder Knoop hießen, selten besaß jemand solch exotische Namen wie Schmidt oder Meyer, und ein Dorfbewohner namens Jacquard wurde seines Namens wegen von der Dorfgemeinschaft argwöhnisch beobachtet, wiewohl Bauer Jacquard gleich allen anderen im zeitigen Frühjahr stumpf auf seinem Trecker das Land seiner Vorfahren bestellte, sich eher durch übertriebene geistige Gewöhnlichkeit auszeichnete und sich somit bestens in die Dorfgemeinschaft einfügte. Seine Frau versuchte jedoch, ihren Namen zum Programm zu machen und schmückte sich nicht nur zu feierlichen Anlässen mit modischen Accessoires, die sie im Versandhaus zu bestellen pflegte. Fast täglich brachte ihr der Paketbote eine Sendung aus der großen Welt der Mode und nahm ein weiteres, tags zuvor geliefertes wieder mit, da wohl die Pariser Modeschöpfer nicht mit den Körpermaßen der Frau Jacquard gerechnet hatten.

Familie Jacquard war das einzige Kolorit in meiner dörflichen Heimat, die so trist und schmutzig wie ein Wintertag war und in der selbst die roten Backsteinbauten das trostlose Graubraun der umliegenden Felder angenommen hatten, ganz zu schweigen von ihrem Geruch.

Ich bin von dem nächtlichen Lärm meines Nachbarn geweckt worden und bemühe mich noch, mich zu sammeln und mich zu erinnern. Mein Nachbar, nennen wir ihn Klaus, hat für gewöhnlich einen unruhigen Schlaf, und in seinen Alpträumen schreit er gepeinigt oftmals laut seine Angst hinaus, wahrscheinlich schlägt und tritt er auch bösartige Gesichte abwehrend wild um sich. Manche Geräusche aus dem benachbarten Zimmer lassen das zumindest vermuten.

Ansonsten ist Klaus ein friedlicher Zeitgenosse, der gerne auf einen kurzen Schwatz in mein Zimmer kommt. Dann unterhalten wir uns über unsere Vergangenheit und die Gründe dafür, denn wir sind beide Akteure in unterschiedlichen Dramen gewesen und tragen noch immer die Narben unserer persönlichen Kalamitäten in uns und in unseren Gesichtern. Damit bin ich bei meiner Person angelangt und habe vorweggenommen, dass eine rote Narbe meine linke Wange ziert. Sie ist Folge eines Ereignisses, das mein Leben gründlich verändert hat.

Jeden Morgen werfen meine Augen im Spiegel zunächst mein Erstaunen über die leuchtende Schmarre zurück, doch dann verwandeln sich meine Gefühle in Genugtuung, bis ich schließlich nicht mehr an mich halten kann und mir breit entgegen grinse. Denn ich bin zwar gezeichnet, aber ich bin frei.

Klaus hat sich mittlerweile zu mir gesellt. Wir sitzen zusammen bei einer Tasse Zitronentee, dem üblichen Getränk, das in dieser Anstalt zum Frühstück serviert wird. Jeden Morgen prüfen wir gegenseitig unsere Gesichter und kauen unsere Geschichten wieder wie in einem ewigen Lamento oder einem Gebet an der Klagemauer. Wohlbemerkt, dies geschieht in unseren Köpfen, wir sitzen still und prüfen uns, blicken uns zuweilen an und sogleich wieder fort ins Leere, bevor einer von uns das Wort ergreift und etwa sagt: „Die Latrine roch gestern wieder sehr penetrant" oder „Meine Furunkel jucken heute wieder." Das sind die Redensarten von Menschen, deren Leben zur Ereignislosigkeit verdammt sind.

In der Tat ist es Klaus, der heute als erster zu einem Satz anhebt, dann aber innehält und die eingesogene Luft wieder schwer durch die behaarten Nüstern ausbläst. In meiner Zellentür wird ein Schlüssel gedreht, der Wärter tritt scheppernd ein und brummt eine kurze Anweisung, auf die hin wir folgsam das morgendliche Beisammensein, eine besondere Vergünstigung der Gefängnisleitung, beenden und Klaus sich in seine benachbarte Zelle verabschiedet. Schlurfend entfernt er sich aus meiner allmorgendlichen Realität, wir sind beide nicht mehr jung und haben schon einen großen Teil unserer besten Jahre in diesem Gefängnis verbracht.

Meine Geburt ist nicht der Rede wert, sie muss ein Leichtes für meine Mutter gewesen sein, stark und breit, wie ich sie seit meiner frühesten Kindheit kannte. Nehmen wir an, dass ich quasi aus ihrem Schoß herausschoss wie ein Gummiball und in den Händen des assistierenden Arztes landete. Gewissermaßen war das ein schwungvoller Auftakt, ein rasanter erster Auftritt meiner selbst auf der Bühne dieser Geschichte, wenngleich er von niemandem bejubelt wurde. Die Freude meiner Eltern hielt sich in Grenzen, meine Mutter hatte ihre Pflicht getan und einen Stammhalter zur Welt gebracht, der den Familiennamen, Knoop oder Harms, gleichviel, weitertragen würde. Es heißt, meine Mutter habe meinen Anblick mit den Worten kommentiert: „Das war das." Möglicherweise irrte aber mein Vater, der meine Geburt gekrümmten Rückens mit einem Ohr an der Tür des Kreissaales lauschend verfolgte, und es war die Krankenschwester, die mich zum ersten mal waschend konstatierte: „Das ist das", so als könnte sie meine Hässlichkeit nicht in ihrer gewohnten Tätigkeit stören. Denn ich war schon damals ein unschöner Winzling und sollte in späteren Jahren mehr in die Breite als in die Höhe wachsen, so dass ich von Menschen, die mir zum ersten mal begegnen, zunächst nicht wahrgenommen werde und ich dankbar sein darf, wenn man keine Witze über meine Gestalt macht. Hätte ich doch nur von meinem Vater die asketische Schlankheit und von meiner Mutter die innere und äußere Größe geerbt! Doch ich bin nur ein kleines rundliches Fragezeichen, kurz, eine lächerliche Erscheinung.

Ich sagte schon, dass meine Geburt die Gemüter meiner Eltern wenig berührte, einzig mein Vater bewegte wohl in seinem Kopf den trüben Gedanken, dass es nun einen kleinen Nachfolger für ihn gäbe, der sein Schicksal in gleicher Weise zu tragen und an seine Nachfahren weiterzugeben habe. Ich sollte die Tradition pflegen, die da sagte: „Seid fruchtbar und mehret euch. Ihr sollt euer Brot essen im Schweiße eures

Angesichts." Das mag Ihnen archaisch in den Ohren klingen, aber man kann aus mancherlei Gründen ins Schwitzen geraten, sei es wegen körperlicher Arbeit oder aus Angst. In der Tat bin ich ein angstvoller Zeitgenosse, und dazu bestand schon bei meiner Geburt Anlass, wenn ich vorwegnehmen darf, dass meine Kindheit unter dem Unstern meiner allgewaltigen Mutter stand. Meine frühesten Erinnerungen beinhalten den Schwindel und den Schmerz, die ich fühlte, als sie mich mit einem Arm um den Bauch fassend mit sich durch die Küche trug, sich abwechselnd mit dem anderen Arm an einem Stuhl abstützte - denn sie humpelte schon damals – und schwer auf mein Gesäß klopfte, weil ich mich vorgeblich weigerte, ihr unbedingten Gehorsam zu leisten. Später wird wieder von unbedingtem Gehorsam in meinem Leben die Rede sein, doch das wird in einem anderen Kapitel erzählt werden.

Mein Vater war wie ich eher Opfer als Täter in unserer Familie, wenngleich er keine Prügel bezog. Doch er hatte wenig zu sagen, sondern durfte nur tagein, tagaus auf seinem Hof schuften, ohne dafür einen Gewinn zu haben, da die finanziellen Angelegenheiten von meiner Mutter in die Hand genommen wurden. Er durfte sich glücklich schätzen, wenn am Ende des Monats ein kümmerliches Taschengeld für ihn abfiel, es war ihm und mir schwer, den Geiz meiner Mutter zu kitzeln und ein paar Mark für ein paar Extravaganzen bei ihr zu erbetteln. Man sollte meinen, wir lebten in einer patriarchalischen Gesellschaft, doch bei uns war davon wenig zu bemerken, wie ich auch im Allgemeinen denke, dass die vermeintliche Schwäche des weiblichen Geschlechts nur eine Finte ist, um uns Männer auf ewig zu Hampelmännern zu degradieren. Freilich war diese Rollenverteilung bei meinen Eltern ins Groteske verzerrt, es war meinem Vater nicht einmal vergönnt, sich am Samstag Abend wie alle Bauern in unserem Dorf in der Dorfkneipe zu betrinken. Ihm blieb nur die Hoffnung auf eine schwere, kurze und tragisch endende Frauenkrankheit meiner Mutter.

Ich will darüber schweigen, dass meine frühe Kindheit dermaßen behütet war, dass ich nur Freundschaft mit Kühen und Schweinen zu schließen vermochte, denn es war von meiner Mutter das strikte Verbot ausgegeben worden, mich mit Nachbarskindern anzufreunden. Es soll auch kein Wort davon über meine Lippen kommen, dass ich bis zu meinem sechsten Lebensjahr unser Dorf nie verließ und mich glücklich schätzen durfte, wenn ich zur nahegelegenen Hähnchenmastanlage entkam. Dort fühlte ich mich eins mit den tausend gequälten Kreaturen, die in vollkommener Dunkelheit und Dummheit gehalten wurden. Meine Mutter bemerkte jedoch den Frevel alsbald an einer neuen Duftnote in meiner Kleidung und bläute mir ein, mich nicht mit dem Geflügel zu verbrüdern. Es soll auch auf keinen Fall die Rede sein von den finsteren Tagen, die ich eingesperrt im Keller verbrachte. Eingeschlossen in der Dunkelheit beschlichen mich animalische Ängste, die ich nur mit Fantasien von einer lichten Welt verdrängen konnte, in der Menschen und Tiere sich liebten und achteten, in der sozusagen die Löwin beim Lamm schlief und ihm kein Leid antat. Meine Fantasie entführte mich in sagenhafte Welten, die wohl hinter dem Dorfweiher verborgen lagen und nur darauf warteten, von mir entdeckt und liebgewonnen zu werden. Doch bis zu meinem sechsten Lebensjahr blieb es bei solch fragwürdigen Eskapismen, die mir freilich eine lebhafte Erfindungsgabe bescherten.

Der sechste Jahrestag meines beschwingten Eintritts in die Welt bedeutete einen einschneidenden Wechsel in meinem Dasein. Ich sollte im nächsten Sommer die Schule im Nachbardorf besuchen, wenngleich meine Mutter starke Bedenken hegte und besorgt den Kopf wiegte, wenn mein anstehender Schulbesuch gegenüber Besuchern zur Sprache kam.

Der Junge sei noch in einem sehr prägbaren Alter und müsse vor den liberalen Einflüssen dekadenter Schulpolitik bewahrt werden. Sie war wohl auch der Auffassung, mich noch mehr als sonst eigenhändig prägen oder mir regelmäßig ihren Stempel mit einem Ochsenziemer aufdrücken zu müssen.

Es kam aber der Tag meiner Einschulung. Mein Vater brachte mich auf seinem Trecker ins Nachbardorf, nachdem mir meine Mutter morgens noch ein paar gute Schläge mit auf den Weg gegeben hatte. Da stand ich allein auf dem Schulhof, der mir gigantisch vorkam, und doch maß er nur ungefähr 20 Meter im Quadrat, da er nicht mehr als ein paar Dutzend Schüler und Schülerinnen aufzunehmen brauchte. Mit mir waren eine Handvoll weiterer Kinder mit Ranzen und Zuckertüte erschienen. Wie kümmerlich wirkte dagegen mein Gepäck. Nichts war mir beigegeben worden, dass mir meinen ersten Schultag versüßen konnte, und ich hatte auch keinen Beistand durch meinen Vater, der sich eher pflichtbewusst als freiwillig aus meiner Erziehung heraushielt, auf seinem Trecker langsam davon dampfte und in der Ferne entschwand.

Ich erwartete nichts Gutes von der Einrichtung, die mich für viele Jahre in sich aufnehmen, verarbeiten und in ferner Zukunft wieder ausscheiden würde. So stand ich klein und verklemmt auf dem Pausenhof, bis die Stundenschelle uns aufrief, ins Schulgebäude zu gehen. Kahl waren die Wände im Klassenzimmer, kahl auch der Direktor, der uns mit dünnen Worten willkommen hieß. Es sei ihm eine große Freude und uns hoffentlich auch, dass nun ein neuer Abschnitt in unserem Leben begänne, der uns auf das richtige Leben, sprich die Arbeit bis zum dürren Rentenalter, vorbereiten solle. Er faselte noch eine Weile in gar nicht unfreundlicher Weise, doch meine Blicke und Gedanken schweiften durch das Klassenzimmer und blieben an einem großen Gemälde, einer geographischen Karte, wie ich bald erfahren sollte, hängen. Dies und alles andere schienen mir fremd und aufregend, viel interessanter als die sanft dahinplätschernde Rede, war ich doch weitaus heftigere Redensarten gewohnt. Der Geruch von Kreide und Bohnerwachs, der auch heute noch durch die Schulen zu wehen pflegt, kam mir vor wie ein schweres Parfum, das sich mit den ländlichen Gerüchen mischte.

Ich muss vorausschicken, dass in jenen Tagen erste Reformbemühungen des Schulwesens Früchte trugen und Jungen und Mädchen gemeinsam unterrichtet wurden. Auch war die Prügelstrafe abgeschafft worden, so dass mir der tägliche Unterricht bald wie eine verbotene Frucht vorkam, von der zu naschen ich mich anfangs nicht getraute. Skeptisch saß ich also an meinem ersten Schultag in einer Bank, links und rechts von mir sechs weitere Kinder, davon zwei Mädchen, die eine ein mageres Ding mit vorstehenden Zähnen, die andere gefälliger und mir auffallend hübsch vorkommend. Die Jungen erschienen wie ich kurzgeschoren in kurzen Hosen, sommersprossig der eine, der andere ein Cerberus von Gestalt, so dass ich mir von ihm nichts Gutes erwartete. Nummer drei und vier waren von unauffälliger Physiognomie und schauten gleichermaßen beschränkt mit offenen Mündern zum Schuldirektor auf, der nunmehr seine Rede beendet hatte und uns in die Pause entließ.

Mädchen sind doof, darin waren sich alle Jungen in meinem Alter einig, ebenso sind Jungen doof, wie alle Mädchen behaupteten, doch da die Jungen in der Überzahl waren, hatten unsere beiden Klassenkameradinnen gegen uns einen schweren Stand. Vom ersten Tag an mussten sie unsere Hänseleien mit ohnmächtiger Wut ertragen. Ich kann nicht leugnen, dass ich mich darin hervortat, ihnen auf dem täglichen Heimweg eine derbe Beleidigung hinterher zu rufen, fühlte ich mich doch verpflichtet, meine geringe Körpergröße durch Großtuerei und Frechheit zu kompensieren. Ich blühte auf in der neuen Umgebung und glaubte mich meinen Kameraden ebenbürtig, solange ich in der Schule war, doch spürte ich bald wieder zu hause meine Winzigkeit gegenüber meiner übermächtigen Mutter.

Gestatten Sie mir eine Frage: Fühlten Sie in ihrer Kindheit nicht auch die Wollust, schwächeren Kreaturen die Ängste heimzuzahlen, die Ihnen durch Ihre Erziehung eingepflanzt wurden? Und war es nicht auch ein Moment der Glückseligkeit für sie, als sie sich zum ersten mal in Ihrem Leben einem anderen Menschen gegenüber mächtig fühlten? Von Geburt an leben wir in Hierarchien. Wer hat die Welt so eingerichtet? Und wer durchbricht diese Tradition?

Müßig sind solche Fragen, die ich ins Leere richte. Ich liege wieder auf meinem Bett und schaue mir vor meinem inneren Auge jenen kleinen Wurm an, der ich einmal war und der ich immer sein werde. Längst habe ich es aufgegeben, mich mit Büchern abzulenken, und an meinen Zellenwänden werden Sie vergeblich nach pornographischen Postern suchen, die man für gewöhnlich in Gefängniszellen vermutet. Ich bewege in Gedanken die Vergangenheit und bekämpfe so die Langeweile und Einsamkeit. Und schließt man mich ein in finstern Kerker, geht es mir durch den Kopf. In der Tat sickert nur ein trübes Tageslicht durch die vergitterten Fenster, nachts beleuchtet eine Neonröhre mein Reich und flackert auf meiner Glatze. Es bleibet dabei, die Gedanken sind frei.

Damals waren mir meine Gedanken, vielmehr meine Gefühle, ein Gefängnis. Ich quälte mich nachts mit Alpträumen von Prügel und hysterischen Anfällen meiner Mutter. Schlimmer noch war am Tage die Angst vor körperlicher Strafe und die existentielle Scham, von meiner Peinigerin bloßgestellt und somit auf alle Zeiten vernichtet, oder gar für immer öffentlich gebrandmarkt zu sein. Neugierig betrachteten meine Schulkameraden die Blutergüsse an meinen Armen, wenn wir uns für den Sportunterricht umzogen. Es blieb zunächst bei den Blicken, obwohl ich schon bald spürte, wie man mich wegen meines kümmerlichen Wuchses in die Rolle des Außenseiters drängte. Man nahm zunächst wenig Notiz von mir, was mir recht war.

Nach einigen Wochen war es mir erlaubt, den Weg zur Schule allein zurückzulegen, meine Welt wurde somit um einen Weg weiter, mein geistiger Horizont hingegen dehnte sich nur langsam im Laufe der Jahre, ich war ein Träumer, der während des Unterrichts Phantasien von fernen Ländern und Abenteuern spann. Sie werden sich fragen, womit sich meine Phantasie nährte, wenn ich doch dem Unterricht geistig fern blieb. Ich lernte selektiv das, was ich wissen wollte und war so in manchen Dingen meinen Klassenkameraden weit voraus, in anderen ein hoffnungsloser Fall.

„Du träumst", hieß mich der Lehrer oft und überging mich schnell wieder. Wir beide schlossen ein Stillhalteabkommen, das regelmäßig auf ein halbes Jahr bis zum nächsten Zeugnis erneuert wurde. Am Tag der Zeugnisverteilung wurde ich natürlich besonders gezüchtigt für die schlechten Noten, die jedoch den guten die Waage hielten, so dass ich stets versetzt wurde.

Es dräute wieder einmal der Frühling, und Ammoniak aus tausend Kuh- und Schweineärschen, für einen Winter gesammelt für den einen Moment der Düngung, schwängerte die Luft. Doch dieses Jahr war etwas anders. Ich war verliebt: Sie war die Hübsche in meiner Klasse, leider war sie auch ziemlich beschränkt, doch das tat meiner zarten Zuneigung keinen Abbruch. Ich nahm nur ihren zerbrechlichen Schwanenhals und ihre kokett klimpernden Augen wahr, wenn sie meinen Nachbarn, den Klotz, ansah. Bertha sei ihr Name, genauer gesagt ihr Pseudonym, denn ich kann und will mich nicht daran erinnern, wie sie in Wahrheit hieß.

Bertha verzauberte in diesem Frühling alle Jungen in meiner Klasse, denn unser Hormonpegel begann mählich zu steigen, und so regten sich erste Liebestriebe, ohne dass wir bewusst an uns wahrnahmen, was mit uns geschah. Meine erste Liebe äußerte sich in dem Verlangen, Bertha in der Pause kräftig auf den Hintern zu hauen. Ich war keine anderen Liebesbezeigungen gewohnt. Die Plattheit, die eigene Mutter sei die erste Liebe unseres Lebens, hatte bei mir keine Gültigkeit, wiewohl ich das Verhalten meiner Mutter damals sehr männlich und angemessen für mich fand.

Bertha genoss unsere Aufmerksamkeit sichtlich, doch vorerst blieb es bei dem Kommentar: „Ihr seid doof." Ihr Widerspruch stachelte uns jedoch noch mehr an, ihr nachzustellen und sie hier und dort zu zwicken. Ihre Freundin, die Dürre, versuchte, ein wenig von unserer Zuneigung für sich zu gewinnen, aber sie blieb von uns Jungen unbeachtet. Zu meiner Schande muss ich gestehen, dass ich mich gegen die Konkurrenz aus meiner Klasse nicht durchsetzen und Berthas Liebe erringen konnte. Diese blieb vielmehr meinem Nachbarn, dem Klotz, vorbehalten, der so tat, als wäre er uns Nebenbuhlern weitaus überlegen und als habe er es nicht nötig, um Berthas Gunstbeweise zu buhlen. Gelassen nahm er ihre Butterbrote entgegen und verzehrte sie ohne besonderes Behagen, schmatzend und grunzend wie alle, die wir auf einem Bauernhof erzogen wurden.

So benahmen wir uns wahrhaftig wie kleine Tiere, grob und ungehobelt, und versuchten die Erwachsenen nachzuahmen. In jene Zeit fiel auch der Aufklärungsunterricht in unserer Klasse. Wir erfuhren, was eine Regelblutung und ein Samenerguss war, konnten unser Wissen aber noch nicht in die Praxis umsetzen. Gleichwohl stellten wir weiterhin wissend und unwissend zugleich Bertha in den Pausen nach. Wie liebte ich auch den Anblick ihres Nackens während des Unterrichts, wenn sie an der Tafel stand, und ihre blendend weißen Zähne, die noch unverdorben von Karies und Zahnstein waren. Meine schweifenden Gedanken fanden endlich ein handfestes Ziel, ich genoss nunmehr meine Schulzeit, die mir Raum für Träume und Sehnsüchte gab und die mich den heimatlichen Alptraum in Gestalt meiner Mutter täglich für ein paar Stunden vergessen ließ.

Heute genieße ich die Erinnerung an die glücklichen Stunden in meiner Kindheit und projiziere sie blicklos durch die Gitterstäbe auf die Gefängnismauer wie eine Kinovorführung. Ich weiß aber um den ephemeren Charakter jenes zarten Glückes. Vergänglich ist alle Jugend und Phantasie, am Ende kämpfen wir nur noch um ein würdevolles Ende unserer Jugendpläne und unserer desillusionierten Gegenwart.

Ich höre Klopfzeichen aus der Nachbarzelle. Klaus gibt mir zu verstehen, er sei noch da, körperlich und geistig, noch nicht gebrochen am Gefängnisalltag. Schlimmer als die Schikanen von den Wärtern und anderen Häftlingen, die sich in der Hierarchie eine dominante Stellung erobert haben und daraus Nutzen und sadistischen Spaß ziehen wollen, sind die einsamen Stunden in der Zelle, die nicht vergehen wollen wie ein dumpfer Zahnschmerz, der nicht behandelt wird.

Es ist Zeit für den nachmittäglichen Hofgang, bei dem man Gelegenheit hat, ein Stück blauen Himmels zu sehen, vielleicht eine Wolke, die träge vorbeischwimmt, und die man mit Träumen und Sehnsüchten beladen kann. Es bilden sich Gruppen von Häftlingen, die zusammen an eine Mauer gelehnt herumlungern, andere gehen mit den Händen in den Hosentaschen im Kreis spazieren, und wieder andere stehen zu zweit oder zu dritt zusammen und tauschen Nebensächliches aus, denn der Alltag im Gefängnis ist belanglos, geradezu zum Gähnen gewöhnlich.

Ich geselle mich zu Klaus. Mehr mit Blicken als mit Worten unterhalten wir uns, tauschen Erinnerungen und Zukunftspläne aus und schweigen gemeinsam über die Gegenwart. Klaus hat vor Jahren seine beiden kleinen Kinder umgebracht und danach versucht, sich mit einer Rasierklinge das Leben zu nehmen. Er wusste keinen anderen Ausweg mehr, nachdem seine Frau ihn verlassen und er selbst seine Arbeit verloren hatte. Seine Kinder waren ihm zur Last geworden, sie waren ohnedies ungewollt zur Welt gekommen, die Frucht einer kurzen Leidenschaft, die auf dem Standesamt zu Grabe getragen wurde. Klaus würde es wieder tun, ich weiß es, er hat es mir gleich zu Beginn unserer Bekanntschaft anvertraut. Nur nachts erscheinen ihm wohl seine Kinder im Traum wie blutdurstige Erinnyen, die ihn gnadenlos bis ans Ende aller Zeiten verfolgen. Ich trage leichter an meiner Tat, doch vielleicht kommt auch für mich der Tag, an dem ich schweißgebadet aufwache und keinen Schutz vor meiner Schuld finde. Bis dahin warte ich.

Vergeblich wartete ich auf eine Gunstbezeigung von Bertha, der Frühling ging in den Sommer über, und bleischwer senkte sich der Odem der Ausscheidungen von tausend Hühnern über das Land. Ich spürte zum ersten mal den Mangel an Fortschritt in meinem Leben, das auf ewig gefangen schien im Kreislauf der Gerüche. Ich merkte kaum, dass die Dürre in unserer Klasse begann, ein zaghaftes Interesse an mir zu zeigen. Vielleicht glaubte sie, ihre fehlende Korpulenz durch eine Freundschaft mit einem dicken Jungen wettmachen zu können. Erst am Tag vor den Sommerferien, als die Zeugnisse ausgeteilt wurden und mir ein blaues Wunder schwante, trat sie zu mir und blieb einige Sekunden mit offenem Mund vor meiner Bank stehen, bis sie sich gesammelt hatte und sagte:

„Du, zeigst du mir mal dein Zeugnis? Ich zeige dir auch meins."

Ich saß gleichfalls mit offenem Mund, aber ich war nur gelangweilt von dieser Frage. Was wollte dieses hässliche Mädchen von mir? Sie kam in meinen Träumen nicht vor, und darum hatte sie in meiner Nähe nichts zu suchen. Sollte ich mich zu einer gleichermaßen Dürren wie Dämlichen gesellen? Und überhaupt hätte ich es nicht ertragen können mich mit einem weiblichen Wesen anzufreunden, das größer war als ich.

Die Sekunden verstrichen, und mir fiel keine passende Antwort auf diese Unverschämtheit ein, während die Gesichtsfarbe der Dürren zum rot wechselte und schließlich ins violette spielte. Endlich erwiderte ich:

„Lass mich in Ruhe."

Da das nichts bewirkte, fügte ich hinzu:

„Geh endlich weg!"

Wie in Zeitlupe ging sie zunächst einen Schritt rückwärts und huschte dann hastig auf ihren Platz. Ich konnte ihr Gesicht nicht sehen, schloss aber aus ihren bebenden Schultern, dass sie lautlos weinte. Ich schämte mich. Ich hatte übersehen, dass es neben mir andere gequälte Kinder gab, die bisher vergeblich ein wenig Freundschaft gesucht hatten. Wäre es nicht meine ritterliche Pflicht gewesen, mich mit diesem hässlichen Mädchen anzufreunden? Ich begriff, dass die vom Leben gezeichneten zusammenhalten müssen, um bestehen zu können. Damals konnte ich diese Zusammenhänge noch nicht in solche Worte fassen, aber ich verstand, dass ich einen Fehler begangen hatte, indem ich diese Tür vorläufig zuschlug. Es war nebenbei bemerkt ein verhängnisvoller Fehler, der mein späteres Leben überschatten sollte. In meiner Kindheit gab es nicht viele Alternativen, Anerkennung und Freundschaft zu bekommen. So muss ich nicht weit vorausgreifen, um die Konsequenzen meines unbeherrschten Handelns zu berichten.

Wenige Tage später bekam ich die geballte Rache des verhöhnten weiblichen Geschlechts zu spüren. Die Dürre musste sich bitter bei Bertha über mich beklagt haben, die wiederum meine männlichen Schulkameraden gegen mich aufgestachelt hatte. So wurde ich endgültig zum Außenseiter. Auf dem Heimweg schrien sie mir nach:

„Rumpelstilzchen, wo hast du deine Zwergenmütze?"

Die Dürre tat sich besonders hervor, indem sie einen gut gedüngten Klumpen Dreck vom Acker nach mir warf, und alle anderen taten es ihr nach und schrien noch mehr: „Rumpelstilzchen, Rumpelstilzchen."

Meine Knie zitterten vor ohnmächtiger Wut und Angst, doch schritt ich tapfer weiter meines Weges und tat, als achtete ich nicht der Schmährufe. Das Blut dröhnte in meinen Schläfen, und mir war zum Weinen zumute, doch die Tränen wollten nicht fließen, ich war zu sehr gefangen vom Terror meiner Peiniger. Erst als ich außer Sichtweite war, setzte ich mich auf einen Feldstein und vergrub das Gesicht in meinen Fäusten. Was hatte ich falsch gemacht? Ich wusste wohl die Ursache für den Spott der anderen, doch war das Berechtigung, mich derart vorzuführen? Warum ich? Warum wurde ich so gestraft mit meinem Körper und meiner Mutter, was hatte das Schicksal mit mir vor?

Ich fühlte mich keinesfalls ausgezeichnet, bildete mir aber ein, meinen Peinigern durch meine Fantasie überlegen zu sein. Das war zunächst eine hoffnungslose Überbewertung meiner selbst. Ich bekam schon am nächsten Tag die Kraft des Klotzes zu spüren, der mich im Würgegriff über den Schulhof schleifte, mich zu Boden warf und mit den Fäusten meinen Bauch bearbeitete. Großer Gott, ich weiß nicht, wie ich das überlebte. Selbst die Schläge meiner Mutter schmeckten nicht so bitter, wie der eklige Staub des Schulhofes. Man lernt, sich an Demütigungen zu gewöhnen, wenn man klein und von fragwürdiger Statur ist, doch der Geschmack gefüllter Erde ist mir bis heute in unangenehmer Erinnerung geblieben.

So setzte sich das heimische Martyrium in der Schule fort, ich wurde das Opfer weiblicher Emanzipation und Rachsucht, eine Entwicklung, die sich ungebrochen bis ins Erwachsenendasein fortsetzte. Ich sehe in meinen Erinnerungen, wie man mir wiederholt eine große Portion vom

Misthaufen in meinen Schulranzen tat, mich immer wieder mit Schimpf und Spott traktierte, mich schlug und mit Erde fütterte, und ich höre noch immer die Schreie der anderen Kinder in meinen Ohren gellen: „Rumpelstilzchen, Rumpelstilzchen."

Die Welt

Die Welt brach in mein Leben in Form eines Fernsehers ein. Lange schon prahlten meine Schulkameraden mit den Sendungen, die sie im Elternhaus sehen durften, und den Farbbildschirmen ihrer Eltern, die damals noch Prestigeobjekt und dementsprechend teuer waren. Meine Mutter entschied sich für den Erwerb eines einfachen Gerätes, nachdem sie jahrelang neidisch auf die Nachbarn geblickt hatte, in deren Stuben es abends blau und rot flimmerte. Das schlechte Gewissen, das meine Mutter wegen der Überwältigung ihres Geizes hatte, kompensierte sie mit gesteigerten Aggressionen mir und meinem Vater gegenüber. Ich nahm die zusätzlichen Schläge gelassen hin und tröstete mich mit der Vorfreude auf künftige Fernseherlebnisse, die meiner Fantasie neue Nahrung geben würden. Jedoch wurden meine Hoffnungen als Illusionen entlarvt, denn das heimische Programm wurde natürlich ausschließlich von meiner Mutter bestimmt, und so blieben mir solche kindgerechten Sendungen wie „Wotan, der rasende Wikinger" oder „Killerbiene Kuno" auf ewig vorenthalten. Es wurde nur einmal am Tag der Fernseher eingeschaltet, und das geschah, um pünktlich um acht Uhr die aktuellen Nachrichten zu sehen. So erfuhr ich von den neuesten Abrüstungsverhandlungen in Helsinki, von dem Kampf um die Golanhöhen, und mit den Kundgebungen der tausend in Teheran wurde ich zu Bett geschickt und durfte die Wettervorhersage nicht mehr miterleben. Das war mir einerlei, denn üblicherweise verlief der Fernsehkonsum nicht unkommentiert durch meine Mutter. Sie steigerte sich mit jeder Schreckensmeldung in eine unerhörte Empörung hinein und brüllte schließlich, wenn Bilder von Demonstranten in olivgrünen Parkas, die über die Felder bei Brokdorf liefen und ihrer Meinung in Sprechgesängen und erhobenen Fäusten Luft machten. Meine Mutter schrie ihnen zu: „Faules Gesindel. Euch hätte man früher ins Arbeitslager gesteckt, jeden Tag die Peitsche, und wer aufmuckt, wird kastriert!"

Mein Vater beschwichtigte nur leise: „Nun lass mal, Frau. Gleich kommt das Wetter."

Ich hatte einen Begriff von Kastration, denn das war ein Vorgang, der auf einem Bauernhof häufig vorkam, doch wusste ich das Arbeitslager nicht einzuordnen. Ich mutmaßte jedoch, dass es eine Strafe für solche bedeutete, die gegen die gottgewollte Ordnung meiner Mutter aufbegehrten. Insofern waren mir die Demonstranten durchaus sympathisch, ja innerlich frohlockte ich, als sie auf dem Bildschirm gegen tausend Polizisten marschierten und auf Knüppelhiebe mit umso wütenderen Sprechgesängen antworteten. Ich wurde auf Anhieb ein politischer Gegner meiner Mutter, ohne gegen sie in irgendeiner Form verbal zu revoltieren. Nein, ich ging schweigend zu Bett, lag Stunden wach und wiederholte im Geiste die Protestrufe der Atomkraftgegner. Auch ich würde eines Tages Demonstrant werden und Widerstand leisten, ich würde lange Haare und einen Vollbart tragen und der Staatsgewalt die Faust entgegen schwingen. Vorerst war der Staat aber meine Mutter, und es wäre mir übel bekommen, wenn ich gegen sie meine Hand erhoben hätte.

Wieder in der Gegenwart des Erzählers angekommen befinde ich mich noch immer in Staatsgewahrsam. Man hat mir mitgeteilt, dass eine vorzeitige Entlassung wegen besonderer Schwere meiner Tat nicht möglich sei. So wird mein Aufenthalt in der Anstalt bald ins vierzehnte Jahr gehen. Von jetzt aus gesehen werde ich dann aus der Zukunft für Sie schreiben und womöglich interessante Dinge zu berichten wissen, die bei Ihnen schon immer brennende Neugier verursachten. Doch möchte ich nicht überstürzen und bescheide mich zunächst mit dem gegenwärtigen Gefängnisalltag. Ich hatte einen guten Tag, blieb von Pöbeleien und Gewaltandrohungen anderer Häftlinge verschont, und zum Essen gab es Erbsensuppe, das Beste, was die Gefängnisküche zu bieten hat.

Klaus hat mich morgens besucht und war ungewöhnlich gesprächig. Vielleicht lag es an seiner bevorstehenden Untersuchung durch einen Psychiater. Man ist in der Gefängnisleitung auf seine nächtlichen Alpträume aufmerksam geworden und erwägt, ihn nach Prüfung durch einen Sachverständigen in eine psychiatrische Anstalt zu überführen. Ich frage mich jedoch, ob er dadurch wirklich einen Gewinn haben würde. Man würde ihn gegen seinen Willen mit Psychopharmaka malträtieren und ihn somit seines freien Willens berauben.

Des Menschen Wille sei seine Freiheit, habe ich irgendwo gelesen. Andere behaupten, Freiheit sei das durch Jesus Christus befreite Gewissen, woran ich nebenbei gesagt nicht glaube. Und wieder eine dritte Fraktion sieht ihre Freiheit in grenzenlosem Konsum, sei es von Autos, Luxusartikeln, Alkohol, oder gewaltverherrlichenden Videos. Unbegrenzt ist zurzeit nur meine Fantasie, die mir hilft, Ihnen den Tag zu verkürzen und die mich selbst alle physischen Schranken überwinden lässt. Ich befinde mich gewissermaßen in vollkommener Relativität, wechsle mal hier und dort die Position oder das Tempo, bin Herr dieser Erzählung, solange man mich gewähren lässt und man Ihnen das Buch nicht vor der Nase zuschlägt.

Ich wuchs, ich wuchs. Ich war in der Pubertät angekommen und besah jeden Tag im Spiegel mein Gesicht, ob sich nicht das eine oder andere Barthaar hervortraute. Ich sagte schon, dass mir ein bärtiges Ideal vorschwebte, und ich hoffte inständig, dass ich in dieser Hinsicht die Gene meiner Mutter geerbt hatte. Welch herbe Enttäuschung erlitt ich jedoch, als statt Haaren in meinem Gesicht nur Pickel gediehen, mal rot, mal gelb, dann wieder spielten sie ins Blaue, wenn sie zu heilen begannen. Ich war innerhalb weniger Monate zu einem wandelnden Primelstrauß geworden, so dass man mir statt „Rumpelstilzchen" hinterher rief: „Seht nur, da kommt eine Portion mixed pickles."

Darauf wusste ich nichts zu erwidern, sondern wurde nur noch verschämter und gebeugter, so dass ich durch mein beschleunigtes Wachstum beinahe einen Buckel bekam, zumindest aber keinen Gewinn aus meiner zunehmenden Körpergröße zog. Ich blieb ein lächerlicher Mensch und litt immer mehr unter dem Widerspruch zwischen meinen Träumen und der ausweglosen Wirklichkeit. Es war nicht genug, dass ich ein Ritter der traurigen Gestalt war, auch mein Hormonumsatz überstieg meine Möglichkeiten beträchtlich, und ich konnte nur bitter zusehen, wie Bertha ihre körperlichen Reize entfaltete und mit dem Klotz ein Paar wurde.

So hob ich nun im Spiegel die Faust gegen mich selbst und verfluchte meine unter einem Unstern stehende Existenz. Ich war gefangen in meinem Körper, mehr noch ein Leibeigener meiner Mutter, die über mich verfügte, dass ich nicht auf eine höhere Schule wechseln durfte, sondern das bäuerliche Schicksal meiner Vorfahren auf mich nehmen sollte. Mit der mittleren Reife, ohne jemals eine andere Lehranstalt als die Dorfschule von innen gesehen zu haben, wurde ich Landwirt und entkam so zumindest dem Terror meiner Mitschüler.

Es versteht sich, dass ich bei meinem Vater in die Lehre ging und fortan auf dem Trecker sitzend den Staub gedüngter Erde auf der Zunge schmeckte. Wieder war der Fortschritt gering, und ich durchlief einen weiteren Zyklus der Demütigung und Unterwerfung.

Mittlerweile war ein Rechtsruck durch ganz Deutschland gegangen und eine politische Wende herbeigeführt worden. Von den Plakaten in unserem Dorf grinste noch das feiste Gesicht des neuen

Staatsoberhauptes, obwohl die Wahl schon einige Wochen zurück lag. Die Bauern waren mit dem Wechsel ganz einverstanden und begrüßten die Rückkehr zu traditionellen Werten, vor allem aber die nochmalige Steigerung der Zuschüsse für ihre Erzeugnisse. Insbesondere wurde die Mast finanziell gefördert, und man rieb sich frohlockend die Hände, der Ertrag würde noch größer werden, und die Güllegruben würden schier bersten von ihrem neuen Reichtum.

Mir war es gleichgültig, ob noch intensivere Lüfte meine Nase umwehen würden, ich bestellte stumpf das Feld, mistete den Stall aus und wurde Teil der bäuerlichen Gemeinschaft, während im Euphrattal der Krieg ins fünfte Jahr ging und auch andernorts auf unserem Planeten Kindsoldaten für eine fragwürdige Freiheit starben, sei es unter dem Fanal von Hammer und Sichel oder des Sternenbanners. Auch in Deutschland wurden Soldaten benötigt, denn der kalte Krieg verlangte angeblich auf beiden Seiten der Grenze unerhörte Anstrengungen zur vermeintlichen Sicherung der Freiheit und des Friedens. Auf beiden Seiten der Mauer war eine jeweils andere Freiheit gemeint.

Mit meiner Volljährigkeit wehte mir nicht etwa der Odem der neugewonnenen Freiheit von meinem Elternhaus um die Nase, sondern es flatterte eine Aufforderung zur Musterung vom Militär ins Haus. Es war wohl ein übler Scherz der Musterungsbehörde, mir den Bescheid just an meinem 19. Geburtstag zuzustellen. Vielleicht steckte auch eine erzieherische Absicht dahinter, all meine Träume im Keim zu ersticken und einen Rekruten aus mir zu machen. Eine Wehrdienstverweigerung kam für mich damals nicht in Betracht, da ich den Unsinn von Rüstung und kaltem Krieg noch nicht durchschaut hatte. Ich wäre außerdem persona non grata in unserem Dorf geworden und von meiner Mutter wahrscheinlich prompt enterbt worden. Daher blieb mir nur die Hoffnung, für untauglich erklärt zu werden. Ihnen mag diese Hoffnung als vage Illusion erscheinen, aber ich verwendete meine gesamte Energie darauf, noch gebeugter und elender zu werden. Jeden Morgen nahm ich einen Löffel Backpulver zu mir, denn es hieß, man bekäme dadurch auf Dauer arge Verdauungsbeschwerden, vielleicht sogar Magengeschwüre. Aus sicherer Quelle wusste ich, dass junge Männer mit Hautausschlag für untauglich befunden wurden. Darum kratzte ich mir unter der Dusche regelmäßig die Arme und Beine blutig. Schließlich war allgemein bekannt, dass Homosexuelle in der Armee nichts verloren hatten, doch mir schien es allzu gewagt, bei der Musterung im Frauenkostüm zu erscheinen, und ich schreckte innerlich vor der Vorstellung zurück, in meinem Dorf als sexuell entartet verfemt zu werden. Es würde mir schon gelingen, die Ärzte von meiner Untauglichkeit zu überzeugen, doch rechnete ich nicht mit der Logik des kalten Krieges. Trotz gefüllter Atomwaffenarsenale suchte das Militär junge Männer, um die Armee zahlenmäßig auf einem hohen Stand zu halten und somit rein rechnerisch den Feind einzuschüchtern. Es wurde jeder für tauglich befunden, der nicht im Rollstuhl zur Musterung erschien.

Bei der Musterung hieß man mich barsch zu warten, und gleich einigen anderen jungen Männern nahm ich eingeschüchtert in einem kahlen Raum Platz. Ich überlegte mir noch einmal meine Taktik, doch es war wohl auch eine Taktik des Militärs, uns warten zu lassen und so zu zermürben.

Ich wurde aufgerufen. Ein Offizier in grauem Drillich führte mich in einen Raum, in dem die Kommission, die über meine Zukunft zu befinden hatte, um einen leeren Schreibtisch versammelt war. Man ließ mich setzen. Ich hatte meinen Personalausweis auszuhändigen.

„Name?" kam es von schräg rechts.

Ich weiß nicht mehr, was ich auf die Fragen antwortete, nur kommt mir meine Stimme in meiner Erinnerung nicht nur sehr heiser, sondern durch die Aufregung auch sehr hoch vor. Ich spürte damals, dass ich unterlegen war, zumal meine Redekunst unterentwickelt war.

„Ziehen Sie sich aus", befahl man mir. Bestürzt stellte ich fest, dass man gar nicht in Erwägung zog, ich sei behindert oder schwer krank, und man mich nicht daraufhin ansprach. Nein, man tat, als verbitte man sich solche Mätzchen, man würde schon selbst herausfinden, wie man meine Gesundheit einzustufen habe.

Ich entkleidete mich gehorsam, zögerte noch, meine Unterwäsche abzustreifen, aber auch das gehörte zum Ritual, wie ich durch einen Anraunzer von links erfuhr, die Demütigung hatte Methode. Ich weiß nicht, wie mir geschah, als man meine Geschlechtsteile examinierte, sie bald für klein befand, sie bald zwischen den Fingern wendete und mit der Lupe zehnfach vergrößert bestaunte. Die Prozedur des Vermessens und Wiegens war dagegen harmlos. Mit Genugtuung nahm man zur Kenntnis, dass ich obwohl klein nicht von zu geringer Körpergröße sei, mehr noch, meine Größe sei ideal für ein Besatzungsmitglied eines Panzers, in dem es sehr eng zugehen musste, wie ich schlussfolgerte. Ein kurzer Blick streifte meine zerkratzten Unterarme, und meine schlechte Haltung war anscheinend kein Grund zur Beanstandung, nur ein kurzes bedauerndes Murmeln zeugte davon, dass man meine Rückenschwäche bemerkte. Ich will nicht ausführlich davon berichten, wie man meinen Körper betastete, mal hier oder dort drückte und mich zum öffentlichen Urinieren aufforderte. Die Offiziere befürchteten wohl, ich könne sonst heimlich die Zusammensetzung meines Urins verfälschen.

Endlich durfte ich mir wieder meine Hosen anziehen, musste mich setzen und mir gefallen lassen, dass ein Arzt meinen Blutdruck maß. Ich fühlte mich unendlich verloren und wagte kaum, meinen Ohren zu trauen, als der Arzt erstaunt feststellte: „150 zu Null! Das kann nicht sein."

Noch einmal wurde mein Blutdruck gemessen und neue Hoffnung keimte in mir auf, als wiederholt konstatiert wurde: „Wieder 150 zu Null. Unglaublich, Sie sind ein Phänomen."

Ich glaubte schon, mich am rettenden Ufer zu befinden, aber ich rechnete nicht mit der militärischen Logik.

„Schreiben Sie ‚150 zu zehn' ins Protokoll", meinte der Arzt, „sonst glaubt uns das keiner."

All meine Hoffnungen zerstoben wie eine Pusteblume unter den Abgasen eines Treckers. Ich hatte jedoch keine Gelegenheit, meine trüben Gedanken fortzuspinnen und wurde einem Hörtest unterzogen. Der untersuchende Arzt flüsterte mir aus einer Ecke des Zimmers Zahlen zu:

„315."

„22", antwortete ich, obwohl ich gut verstanden hatte.

„85."

„56", log ich.

„2001."

„56", beharrte ich.

„686."

„57", setzte ich noch eines hinzu.

Das Spiel hätte endlos fortgesetzt werden können, doch die Zeit des Komitees war begrenzt und das Urteil wohl schon längst gefällt, denn ohne Erstaunen nahm man zur Kenntnis, dass ich faktisch blind war und die Zahlen auf einem Plakat kaum zu entziffern vermochte. Auch meine vermeintliche Farbblindheit wurde ignoriert, man kannte solche Tricks.

Wieder im Wartezimmer bemerkte ich gleichmütig die Anwesenheit eines ebenfalls zur Musterung bestellten jungen Mannes mit künstlichen Wimpern, Rock und Nylonstrumpfhosen. Ich war mir sicher, dass auch er den Klauen des Militärs nicht entkommen würde.

Das Gutachten der Kommission konnte mich nicht mehr erschüttern, als ich mich wieder im Untersuchungszimmer befand:

„Tauglichkeitsstufe zwei", hieß es lapidar, und ohne einen Hinweis auf die Möglichkeit der Wehrdienstverweigerung wurde ich vorerst entlassen. Man würde mich in einigen Wochen informieren, und ich könne damit rechnen, in einer Panzerkompanie in der Heide dienen zu dürfen, gab man mir mit auf den Weg. Es wurde kein Zweifel daran gelassen, dass meine Situation nicht zu ändern sei und ich bald wieder den Staub gedüngter Erde schmecken würde.

Aufbruch in die Welt

So begab ich mich an einem kalten Januartag in die mir befohlene
Kaserne. Die Bahnfahrt dorthin hätte ein Erlebnis für mich sein können,
da ich bisher nie über die nahegelegene Kreisstadt hinaus gekommen
war, doch meine Gedanken kreisten nur um die nächsten 15 Monate, die
mir wie ein Verhängnis erschienen. Man erzählte sich, und hier tat sich
lustvoll meine Mutter hervor, wahre Greuelgeschichten vom Militär. Es
würde mir weitaus schlimmer ergehen als bisher, befürchtete ich.
Blicklos sah ich nicht, wie sich Kiefernforste mit grünen Weiden
abwechselten und die Bahnhöfe mit hektischer Betriebsamkeit an mir
vorüberglitten.

Endlich war ich an einer kleinen unscheinbaren Station angekommen.
Zwei alte Männer unterhielten sich gemächlich auf dem Bahnsteig, als
ich ausstieg. Andere Zeichen von Leben waren nur die Exkremente der
Tauben auf den Regenrinnen und auf dem Beton des Bahnsteiges.

Ein Bus würde mich weiter zur Kaserne transportieren, und endlich dort
angekommen empfing mich die knappe Auskunft des Pförtners, ich habe
mich unverzüglich in ein bestimmtes Gebäude zu begeben, wo man mich
willkommen heißen und einweisen würde.

Ich war zum Glück nicht der einzige, der sich zum Dienst meldete.
Gleich mir waren einige Dutzend weitere Rekruten erschienen, die
angstvoll auf den Eintritt in einen neuen Zyklus warteten, der als
menschenfressende Wurstmaschine bekannt war. Ein knabenhafter
Leidensgenosse, eher ein Kind denn ein an der Schwelle zum
Erwachsenendasein stehender junger Mann, musste sich vor Angst
erbrechen. Andere taten es ihm nach oder verschwanden auf die Toilette,
um ihre Gedärme zu entleeren. Das war die mannhafte Schar, die das
vermeintliche Bollwerk gegen den Kommunismus bilden sollte, das

letzte Aufgebot, das die sogenannte freie Welt der Diktatur entgegenhielt. Wir hatten jedoch unsere Freiheit zu opfern, damit andere sie genießen konnten.

Ich mochte nicht glauben, dass Mädchen auf Männer in Uniform erpicht seien, als ich den olivgrünen Drillich in meinen Händen hielt und den schweren Helm, der sicherlich schwer auf meinen Gedanken lasten würde, eine weitere Methode der Erziehung zum gedankenlosen Gehorsam, mit den Fingern betastete und wendete. Der Kompaniefriseur rasierte mir die Haare noch kürzer, als sie ohnedies schon waren. Es kam ihm wohl mehr auf den psychologischen Effekt seiner Arbeit als ihren praktischen Nutzen an.

Der Rektor meiner Dorfschule lag eindeutig nach Punkten vorne, als ich seine vor Jahren gehaltene Willkommensrede mit der des Feldwebels verglich, der sich breitbeinig vor uns aufbaute und uns in abgehackten, martialischen Sätzen auf die Wochen des Rekrutenlebens vorbereitete. Es sei ihm eine Freude, uns zu Soldaten ausbilden zu dürfen, und wir würden die Kaserne in 15 Monaten wieder als bewährte Männer verlassen, sofern wir uns nicht für die glorreiche Karriere als Soldat entschieden und der Regimentsfahne bis ins Pensionsalter die Treue halten würden.

In der nächsten Szene befand ich mich auf meiner Stube, wie meine neue Unterkunft im Militärjargon genannt wird. Um mich waren drei weitere Jungen versammelt, die ich nicht Männer zu nennen getraue. Vieles an diesem Augenblick erinnert mich an das morgendliche Beisammensein mit Klaus. Benommen von dem Raub unserer Unschuld und unserer Freiheit saßen wir uns zunächst stumm gegenüber, ein kleiner Blonder, ein zierlicher Sommersprossiger, ein ungeschlachter Breitschultriger und ich, der ich mich durch eine gedrungene flexible Statur auszeichnete.

Uns war beschieden, die nächsten sechs Wochen zusammen in der Grundausbildung zu verbringen.

Das Übliche vollzog sich, man stellte sich vor: „Und du?" „Und du?" Nach diesem Ritual verstand es sich von selbst, dass man gemeinsam in das Klagelied einstimmte, nun Soldat zu sein.

„Meine Freundin wohnt in C. Wie lange sie es wohl ohne mich aushalten wird?"

„Und meine erst! 250 Kilometer sind es von hier bis nach hause."

Ich traute mich nicht zu sagen, dass ich noch unbeweibt war.

„Wie die uns wohl schikanieren mögen."

„Mein Bruder sagt, es sei die reinste Gehirnwäsche. Und der weiß, wovon er redet: Zwei Jahre hat er beim Militär ausgehalten."

Ich verschwieg auch, dass ich keine Geschwister hatte.

„Mich haben sie genommen, obwohl ich Asthma habe, dazu Plattfüße, und eine Brille trage ich auch. Ich frage mich, wohin die mich wohl stecken werden. Wenn ich Glück habe, komme ich in die Verwaltung."

„Die nehmen jeden. Das ist hier der Volkssturm", bekräftigte der dritte, doch ich schwieg noch immer. Gibt es etwas Dümmeres, als sich im Unglück über sein Leid zu beklagen? Nicht erträglicher, sondern nur größer wird dadurch das Elend. Wir wussten bald nichts mehr zu sagen. Stumm räumten wir unsere Sachen in den Spind, der eine hastig, ordentlich der andere, und doch war keine Methode die der Norm entsprechende, wie man uns in den nächsten Tagen beibringen würde.

Ich will nicht zu sehr ausschweifen und jedes peinliche Detail dieser Tage berichten. Der Sinn unseres Aufenthaltes in der Kaserne war, uns zu erniedrigen. Kleinlich wurden wir zu Ordentlichkeit und Gehorsam gedrillt, längst war unsere Kindheit nicht zu Ende, unsere Erzieher, die Feldwebel, würden letzte Hand an uns legen, bevor wir in ferne erscheinender Zukunft selbstständig denken und handeln durften. Doch sollte das nur unter der Ägide gewohnter Denkmuster erfolgen, und die würde man uns schon in unsere tauben Köpfe einprägen, so sagte uns der Kompaniechef am nächsten Morgen beim Appell. Mit einer militärischen Weise auf den Lippen lernten wir, um den Kasernenhof zu marschieren, oh du schöner Wähähästerwald, und mit dem Panzerlied zogen wir abends in die Kasematten zurück. In finsterer Nacht ging der Weckruf durch die Kaserne. Zwar war ich als Bauer an Schlafmangel gewöhnt, doch unmenschlich durchschnitt der Befehl die Nacht und zerstörte gewalttätig alle Trugbilder des Schlafes, der mir letztes Refugium geworden war.

Es bereitete unseren Ausbildern sichtlich Vergnügen, uns über den Kasernenhof zu scheuchen. Sie genossen es, wenn ein regnerischer Tag heraufzog und sie uns mit Schreien wie Peitschenhieben durch den Morast des Übungsplatzes treiben durften. Bitter schmeckte der Sand der Heide auf meiner Zunge, und ich fand, dass man hier mehr auf die Gaben der Chemie als auf die Wirkung der Gülle setzte. Zweifellos war das für mich ein großer Vorteil, der ich Schlimmeres gewohnt war. Nach einem Tag auf dem Übungsfeld füllte sich die Krankenbaracke mit Fällen von Durchfall und Erbrechen.

Unsere Moral wurde nicht besser sondern stets schlechter. Besonders fiel mir ein junger Rekrut auf, der noch zart wie ein Knabe schien und der unter den Strapazen des Kriegsdienstes zunehmend bleicher und apathischer wurde. Seinem Gang und seinem Gesicht haftete etwas an, das ich nur ungefähr mit verblichener Eleganz oder als androgyn beschreiben kann. Er schien keineswegs geschaffen für den Krieg, auf den wir unerbittlich vorbereitet wurden, obwohl jeder Politiker in verantwortlicher Position das Wort Frieden in jede Fernsehkamera wie Seife kaute.

Die Paranoia des kalten Krieges, der auf anderen Kontinenten ein heißer war, lag jedoch in den letzten Zügen, nur gelegentlich bäumte sie sich in mancher Rede noch einmal auf. Andere Ängste trieben uns. In der Ukraine zerriss ein Kernreaktor in tausend Stücke, und ein anderer Wind als der Wind des Wandels blies von Osten seuchenschwere Regenwolken in unser Land. Eine mittelalterliche Angst vor qualvollem Strahlen- oder Krebstod trieb uns und verdüsterte uns den grauen Alltag noch mehr. Weitere Schlagzeilen waren in meiner Rekrutenzeit nur die neuerlichen Wahlkampfschlachten, die angeblich über rot und tot, über Frieden und Freiheit entscheiden sollten.

Es heißt, das Gefängnis mache den Guten schlecht und den Schlechten noch schlechter. Ich denke über diese Verkürzung nach, während ich auf meinem Bett liege und die Erinnerungen hervorrufe, sorgsam betrachte und wäge und schließlich in Worte fasse. Gewiss ist der Entzug von Freizügigkeit und Bewegungsfreiheit eine harte Strafe, auch die Gefängnishierarchie bietet oftmals Gelegenheit, sich sprichwörtlich schmerzhaft an ihr zu reiben, doch bin ich hier all meiner Pflichten ledig. Niemand verlangt in der Anstalt von mir, den Fußboden mit einer Zahnbürste zu putzen, mit schwerer Bewaffnung über einen Übungsplatz zu robben, oder unzählige male mein Bett zu richten, bis es so aussieht, als wäre es in Beton gegossen oder aus Marmor gemeißelt. Wir sind verlorene Fälle, niemanden interessiert es, ob wir noch einmal gehorsame Staatsbürger werden, und das ist gut so.

Ich kann nicht behaupten, dass ich in der Kaserne seelisch aufblühte. Allerdings hatte ich schon in meiner Kindheit Bekanntschaft mit dem ewigen Kreislauf von Befehl und Gehorsam gemacht, insofern konnte ich meiner Mutter und meinen ehemaligen Mitschülern dankbar dafür sein, dass sie mich so sorgsam auf diese Vorhölle vorbereitet hatten.

Die ersten Wochen waren eine harte Prüfung, an der viele zu zerbrechen drohten. Insbesondere nahm ich an dem Schicksal der Schwachen und Zarten teil, die dem maskulinen Profil des eisenharten Kämpfers, das ihnen aufgezwungen werden sollte, zu scheitern drohten. Ich nahm mit Besorgnis wahr, wie der Jüngling mit den weiblichen Gesichtszügen allmählich verfiel und von Tag zu Tag lethargischer die Strapazen der Ausbildung auf sich nahm. Er klagte nicht, überhaupt hörte ich ihn nie viel reden, er duldete schweigsam.

Es mochte gegen Ende der sechs Wochen militärischen Drills gewesen sein, als ich mich in der Kantine neben ihn setzte und mein Frühstück verzehrte. Ich gebe zu, dass ich der körperlichen Ertüchtigung einen gesunden Appetit zu verdanken hatte, und so stopfte ich das zum braunen Einerlei zerkochte Fleisch gierig in mich hinein. Niemand verlangte an diesem Ort gepflegte Manieren beim Essen, das war ein eklatanter Widerspruch zum Ordnungswahn, der sonst in der Kaserne herrschte. Ich aß gedankenlos – denn das Denken belastet nur in der Armee – meinen Brei und bemerkte zunächst gar nicht den angewiderten Blick des Jünglings, der nur langsam sein Essen verzehrte. Schließlich sah ich doch im Augenwinkel seine Abscheu vor den Esssitten seiner Kameraden und versuchte, mich mit einem Scherzwort zu entschuldigen. „Schon recht", erwiderte er.

Ich musterte ihn nun meinerseits und erschrak über seine eingefallenen Wangen und seine bleiche Gesichtsfarbe. Der Kampfanzug entblößte mehr seine auffällige Magerkeit, als dass er sie verhüllte.

„Ist dir nicht wohl?" fragte ich und bereute es sogleich, da er schamhaft errötete. Indes fasste ich mich wieder sogleich und beharrte: „Du solltest zum Arzt gehen und dich von der Ausbildung suspendieren lassen. Lange stehst du das nicht mehr durch."

Damit brachte ich zum Ausdruck, was mich schon lange innerlich bewegte. Ich kaute weiter und wartete auf eine Antwort.

„Der Arzt würde mich bestimmt nicht für dienstuntauglich erklären. Wir werden erst entlassen, wenn unsere Zeit gekommen ist, oder...", er zögerte.

„Oder?" fragte ich.

Es vergingen einige Bissen, bis er fortfuhr: „Oder wir verlassen die Kaserne in einem Sarg."

Entsetzt sah ich ihn an.

„Rede keinen Unsinn. Freilich, es hat schon den einen oder anderen Todesfall in der Armee gegeben, aber die Todesrate ist hier nicht höher als anderswo."

In einem freundlicheren Ton setzte ich hinzu: „Warte nur, in ein paar Wochen hat die Schinderei ein Ende, und das restliche Jahr sitzen wir in irgendeiner Amtsstube ab."

„Ich bin müde bis an den Tod."

Ich sah, dass ich hier einen jener Menschen vor mir hatte, die zum Leiden bestimmt, aber dem Leid nicht gewachsen waren. Ich schwieg also und war erleichtert, dass mein Nachbar das Gespräch seinerseits für beendet hielt.

Es vergingen zwei Wochen, die ich durch den kalten Schlamm eines späten Februars kriechend verbrachte. Insgeheim hege ich noch heute den Verdacht, dass ein gütiges Heeresoberkommando dafür sorgte, dass nachts der Übungsplatz geflutet wurde, damit die Rekruten bei ihren täglichen Übungen nicht unter der Härte trockener Erde leiden müssten. Der grause Schlamm setzte sich in jeder Körperpore fest und bröckelte später zur Kruste erstarrt von unseren Gesichtern, um wieder zu Schlamm zu werden, ewiger durch gezüchteten Geist in Gang gesetzter Kreislauf der Elemente. Ich merkte wenig Unterschied zwischen mir und der Materie und fühlte mich selbst als Schlamm. Stumpf pflügte ich gleichsam als Krummstab die Erde und wurde eins mit der Tradition des Unterordnens und Eingliederns. Eine Nuklearbombe hätte genügt, diesem Spuk ein Ende zu machen, doch die Rote Armee tat uns diesen Gefallen nicht und rüstete ihrerseits mit konventionellen und traditionellen Mitteln.

Am nächsten Morgen ertönte wieder der in die Stube gebrüllte Weckruf, der uns in die schmutzstarrenden Kampfanzüge und hinaus auf den Appellplatz trieb. Es sollte der letzte Morgen der Grundausbildung sein. Viele sahen am Horizont des Abends den Freigang und das Wochenende daheim, die Rückkehr in die Welt der Freien, aber mit düsterer Miene wurde uns verkündet, dass ein Rekrut aus unserer Kompanie einen unerhörten Frevel begangen und sich nachts die Pulsadern aufgeschnitten hätte. Man habe dem Übeltäter jedoch in letzter Minute in den verbrecherischen Arm fallen und vom Tod zum Leben befördern können, eine wundersame Auferstehung dies, doch nur, um erneut in der irdischen Vorhölle zu landen. Ich erriet sofort, wer der Selbstmörder war, und während der Feldwebel Schwüre von unerbittlicher Bestrafung brüllte, empfand ich insgeheim die menschliche Perversion, auch das letzte Refugium zu verbieten, das sich in der Gefangenschaft bot.

Für die nächsten sechs Wochen wurde jeder Freigang gesperrt. Es solle uns eingebrannt werden, dass die Kompanie für das Handeln des Einzelnen und der Einzelne für die Kompanie zu haften habe, tönte es aus dem zum Trichter deformierten Mund des Feldwebels, die Erziehung zur Kameradschaft verlange kollektive Belohnung, kollektive Bestrafung, kollektiven Gehorsam und, so fügte ich in Gedanken hinzu, kollektive Gedankenbereinigung, es gibt noch ein schlimmeres Wort hierfür.

Erbsensuppe mit Würstchen ist das Beste, was die Gefängnisküche zu bieten hat. Das sonst zum braunen Einerlei zerkochte Fleisch und Gemüse findet endlich seine Berechtigung im Eintopf, der, wie sein Name besagt, in einem einzigen Topf gekocht wird, und darum darf hier alles entsprechend seiner Garzeit mehr grünlich oder gelblich in einer beigen Soße schimmern. Es schmeckt, wie man dem wortlosen Schlürfen und Schmatzen entnehmen kann. Gemeinsam genießen wir den Luxus einer guten Mahlzeit, alle Sinne konzentrieren sich auf das letzte Stück Wurst oder Speck, vergessen sind bedrückende Enge und Gefängnisalltag, und das ist das Größte, was man sich als Häftling erhoffen kann.

Im Vergessen liegt ein Stück Befreiung von der Vergangenheit, denke ich. Warum soll ich das Lob des Genies singen, wenn der Einfältige sich so leicht seiner Last entledigen kann, indem er sich nur an einem guten Essen, einem schmackhaften Getränk und einer gesegneten Verdauung berauschen muss. Der Luxus ausgeprägter Intelligenz wird zur Qual, wenn man selbst im Liebesakt noch denkt, was ist der Sinn der exzessiven Wonne, einer verbotenen Frucht, die beim geistigen Reflektieren sofort zu Asche wird. So wird die Freude zur Qual, und die Qual steigert sich zur Unerträglichkeit. Gedankenleer sind wir frei von Scham und Furcht, und anders als die Sinne auf den einen oder anderen bedingten Reflex reduzierend kann man ein Martyrium wie den Militärdienst nicht ertragen.

Tausend Stimmen brüllten aus heiseren Kehlen Pawlowschen Hunden gleich den Eid, treu zu dienen und das Leben für das Wohl und das Wehe des Vaterlandes zu opfern. Es blieb uns nichts anderes übrig, als die Worte des vorbetenden Feldwebels einhellig im Chor zu wiederholen, sonst wäre es uns ergangen wie dem blonden Jüngling, der nach einem kurzen Aufenthalt im Lazarett mit sofortiger Wirkung unehrenhaft entlassen wurde. Hätte doch nur einer gewagt, nicht die markigen Worte zu wiederholen, die schon unsere Vorfahren in wechselnder Uniform dem jeweiligen Major, Hauptmann, oder Obersturmbannführer entgegen geschrien hatten.

Meine Mutter hätte die Schande nicht ertragen, mich inmitten der tausend aufgerissenen Münder schweigsam zu sehen, obwohl es einzig ihr aufgefallen wäre, dass ich mich dem Gehorsam verweigerte. Die Blasmusik hob zur Nationalhymne an, und das feierliche Bekenntnis erreichte seinen Höhepunkt. Der militärischen Obrigkeit war genüge getan, als wir zurück in die Kaserne marschierten, für den Rest des Tages vom Dienst befreit waren und auf der Stube die Langeweile bekämpfen mussten, die nach Wochen der Erniedrigung Einzug in unser Leben hielt.

Die Monotonie des folgenden Jahres lässt sich nur schwer in aktionsgeladene Sätze fassen, doch fiel mir kürzlich das Tagebuch eines Wehrpflichtigen in die Hände, der zwei Jahre nach mir seinen Kriegsdienst abgeleistet hatte. Wieder einmal wird sein Name unerwähnt bleiben, aber vielleicht werden zukünftige Politiker dereinst Kränze am Grab dieses unbekannten Soldaten ablegen und salbungsvolle Worte sprechen. Ich zitiere auszugsweise aus seinem Tagebuch, dessen sprachliche Mängel ich zuvor geglättet habe.

Mein militärisches Wehrdiensttagebuch

Noch 365 Tage

Heute war die Vereidigung. Mama war dabei und Papa auch. Sie freuten sich bestimmt, mich in der Galauniform zu sehen, aber ich habe mich geschämt. Alles Mist, dieser militärische S...Ich war froh, als ich wieder auf der Stube war. Morgen muss ich als Gefreiter in den Stab. Ich soll Schreibdienst tun, dabei hatte ich in Deutsch zuletzt eine fünf. Aber der Spieß hat gesagt, ich tauge nicht als Grenadier. Vielleicht ist es besser so. Das Kriegspiel im Schlamm hat mir sowieso keinen Spaß gemacht. Heute gab es Tortellini mit roter Soße. Zum Nachtisch Schokoladenpudding.

Noch 334 Tage

Hurra, es gab Pommes mit Mayonnaise. Mein Vorgesetzter war heute wieder eklig zu mir. Er sagt, ich soll während des Dienste nicht in der Nase bohren, sonst würde man mich wegen Selbstverstümmelung vom Dienst revidieren oder so. Aber ich kann mich doch vor Langeweile gar nicht retten. Mein Vorgesetzter ist ein A...Morgen soll es wieder Nudeln geben.

Noch 303 Tage

Draußen Dauerregen. Die Kameraden mussten trotzdem im Dauerlauf über den Sportplatz. Das würde Männer aus ihnen machen, sagte der Feldwebel. Dieter hat ziemlich geflucht danach in der Stube. Außerdem gab es heute wieder eine Spintkontrolle. Keiner hat bestanden, und alles flog auf den Fußboden. Dafür gab es heute Pizza mit viel Käse. Morgen geht es ins Manöver. Ich soll mit. Ich habe aber Angst. Letztes mal wurde einer von einem Panzer überrollt. Nur noch Gulasch.

Noch 295 Tage

Acht Tage Manöver. Worin besteht der Sinn, den Krieg zu simulieren, wenn angeblich niemand Krieg führen will? Ich durfte mit Platzpatronen auf die Blauen schießen, als sie sich dem Kommandostand näherten. Bumm bumm, da lagen sie die Feinde. Ich soll dafür eine Auszeichnung kriegen, nächste Woche oder so.

Noch 285 Tage

Heute bekam ich eine goldene Plakette verliehen. War dann aber doch nur Messing. Immerhin darf ich nächstes Wochenende außerhalb der Reihe nach hause. Papa und Mama werden staunen. Heute Kohlrouladen mit Speck. Naja.

Noch 245 Tage

Mein Spieß sagte heute zu mir, ich soll bloß nicht anfangen zu trinken. Dabei muss ich doch immer jeden Morgen seine Bierflaschen wegräumen. Mein Spieß ist doof. Überhaupt sind alle doof hier. Ich halte diese S... nicht mehr aus. Schon wieder Nudeln.

Noch 204 Tage

Weil ich einen Brief an den Brigadegeneral versaut habe, durfte ich heute die Klos putzen. Damit ich Ordnung lerne, sagte der Feldwebel. Und ich soll nicht ständig an den Fingernägeln kauen (Selbstverstümmelung). Buletten mit Kartoffelbrei. War ziemlich versalzen. Unser Koch feierte heute seinen letzten Tag.

Noch 162 Tage

Ich habe im Wetttrinken den zweiten Preis gewonnen: Eine Flasche Wodka. Als ich gestern zu hause war, sagte Mama, ich rauche zu viel. Früher war ich so ein ordentlicher Junge. Ich kann die Nudeln in roter Soße nicht mehr sehen.

Noch 126 Tage

Ich habe mich heute krank gemeldet und Glück gehabt. Der Stabsarzt fand, dass meine Lungen sich schlecht anhören. Und die rotgeränderten Augen gefielen ihm auch nicht. Eine Woche Ruhe vor den Schikanen. Morgen kommen die neuen Rekruten. Denen werde ich ganz schön Angst machen. Die haben noch die vollen 15 Monate vor sich. Ich noch gut vier. Davon sind vier Wochen Urlaub. Also noch drei. Wenn man die freien Wochenenden abrechnet, noch zweieinhalb. Und Ostern gibt es sechs Tage Wehrdienstbefreiung.

Noch 82 Tage

Ich habe dem Spieß vor die Füße gekotzt. Jetzt muss ich für eine Woche in Arrest. Kann auch nicht schlimmer sein als die Schreibstube. Noch 82 Tage.

Noch 48 Tage

Die letzten Wochen. Als ob es nie zu Ende geht. Schon wieder Strafdienst am Wochenende wegen der paar leeren Bierflaschen unter meinem Bett. Die können mich mal.

Noch 22 Tage

Ich halt es kaum noch aus. Kriege schon Zuckungen im Gesicht, wenn ich mittags in die Kantine gehe.

Noch drei Tage

Am Mittwoch ist alles vorbei. So als wäre es nur ein Alptraum. Dieter und ich fahren danach zusammen in den Urlaub. Mallorca. Und vor allem werden wir saufen, bis wir platzen.

Noch zwei Tage

Noch zwei.

Noch ein Tag

Der Feldwebel ist ein A... Hat mich noch zum Friseur geschickt. Damit ich ihn in bleibender Erinnerung behalte. Ich könnte ihn umbringen. Ich könnte einen Mord begehen.

Der verlorene Sohn kehrt heim und gleich wieder um in die Welt

Der wachhabende Soldat im Pförtnerhaus blickte mir neidisch nach, als ich in Zivilkleidung die Kaserne verließ. Mühsam unterdrückte ich das Marschieren, das mir in den letzten 15 Monaten in die Knochen gefahren war wie eine schleichende Krankheit, und so war mein Gang zum Bahnhof keine großartige Befreiung, sondern der Anfang einer inneren Auseinandersetzung mit vergangenem Drill und Schikanen. Wieder sausten an mir Kleinstadtbahnhöfe aufgeregt vorüber, als ich im Zug saß, der mich zurück ins Dorf bringen sollte, und wieder hatte ich keinen Sinn für den Wechsel der Landschaft, die sich an manchen Orten schon einen jungfräulichen grünen Schleier zugelegt hatte und auf die Fülle des Frühlings wartete. Ich entleerte meinen Magen in der Waggontoilette und wünschte mir, ich könnte die letzten Monate zusammen mit dem Erbrochenen in den Orkus spülen, jedoch war die Trümmerlandschaft in meinem Kopf nicht innerhalb von Tagen wieder aufzubauen.

Es war keine fröhliche Heimkehr. Meine Mutter baute sich in der Haustür wie ein Feldwebel mit breiten Beinen auf, doch es gelang ihr nur mit Mühe, sich aufrecht zu halten, als ich sie mit einem lauten Rülpser zur Seite schob und die Treppe hinauf zu meiner Kammer stieg. Ich hörte nicht die wütenden Tiraden meiner Mutter, als ich stundenlang bäuchlings auf dem Bett lag und mit dem Aufruhr in meinem Magen kämpfte. Das letzte nächtliche Gelage mit meinen Kameraden war exzessiv gewesen, und wer die Nachwirkungen einer Alkoholvergiftung kennt, kann sich lebhaft vorstellen, wie sehr ich zu sterben wünschte.

In den folgenden Tagen wich eine gewisse Betäubung nicht von mir, und ich verbrachte die Zeit in dem Fernsehsessel meiner Mutter mit der Fernbedienung des Fernsehers in meiner linken und einer halbvollen Bierflasche in der rechten Hand. Gott segne den Menschen, der die

Seifenoper erfand. Die Revolution des privaten Fernsehens brachte eine Vielzahl von Serien hervor, die ich als Narkotikum konsumierte. Ich sah, wie sich dieselbe Schauspielerin wiederholt von ihrem Traumprinzen trennte und sich abwechselnd wieder mit ihm vereinigte. Der muntere Reigen von Herzschmerz und Jubel vollzog sich mehrmals in einer Woche, und es mochte nach der zwölften Aussprache mit nachfolgender inniger Umarmung gewesen sein, als das Fernsehen bei mir allmählich die reinigende Wirkung einer Klospülung entfaltete und ich aus meiner Taubheit erwachte.

Auch ich bin ein Mensch mit Gefühlen, dämmerte es mir. Ich wurde der erotischen Reize der Hauptdarstellerin gewahr, mein Blick sog sich an ihren in zarter Seide schimmernden Beinen, ihrem gewagten Brustausschnitt und den kaum durch Stoff verdeckten Rundungen ihrer Hüften fest. Ich begann, mich vage an meine Jugendliebe Bertha zu erinnern. Ihr entzückender Schwanenhals und ihr kokettierender Wimpernaufschlag gingen fortan geisterhaft in meinen Tagträumen umher. Ach, wäre nicht der Klotz gewesen, der Bertha seit Jahren für sich beanspruchte, und wäre meine Anatomie Berthas Schönheit würdig gewesen! Zudem machte sich an meinen Schläfen ein vorzeitiger Haarausfall bemerkbar, während die Nachbeben der pubertären Akne bläuliche Schatten und Narben in mein Gesicht zauberte. Wahrlich, ich war kein hübscher Geselle.

Es heißt, des Menschen Würde sei unantastbar, wiewohl ich bisher wenig davon bemerkt hatte. Ich, der Namenlose, behelfsweise genannt Harald, würde mich aus der Zwangsjacke meiner lächerlichen Existenz befreien. Ich würde das Herz einer Frau erobern und mich über meine Peiniger erheben. Wohlan, es war Zeit aufzubrechen.

„Wohlan", sagte ich halblaut zu mir, und ich stellte die halbleere Bierflasche auf den Teppich, der gesprenkelt war von Bierflecken und den Resten von tausend gerauchten Zigaretten. In den letzten Wochen war ein ständiger Regen von Asche und Alkohol in dem Wohnzimmer meiner Eltern herabgeregnet, doch nun hatte sich der Schlot entleert, und blöde in mich hinein grinsend, bar jeden vernünftigen Gedankens, entstieg ich dem Sessel meiner Mutter, um zu großen Taten aufzubrechen.

Ich beschloss, zunächst meinen Rausch auszuschlafen, denn ich konnte meine Arme kaum koordinieren, als ich versuchte, meine Habseligkeiten zusammen zu suchen und meinen Rucksack zu schnüren. So fiel ich alsbald in seligen Schlummer und träumte von den Hauptdarstellerinnen der romantischen Fernsehserien, die sich, bald blond, bald brünett, mit der Gestalt Berthas vereinigten. In meinen Träumen saß Berthas Kopf auf ihrem Schwanenhals, der seinerseits über den Körpern der Rosas, Mechthilds und Nataschas thronte.

„Komm", sprachen Berthas volle Lippen.

„Ja, ich komme!" schrie ich laut im Schlaf.

Ein schaler Geschmack lag auf meiner Zunge, als ich gegen drei Uhr nachmittags erwachte. Es gelang mir die Kopfschmerzen hartnäckig ignorierend, mich anzuziehen und meine sämtlichen Kleidungsstücke in meinen Rucksack zu stopfen. Unten in der Küche werkelte meine Mutter geräuschvoll fluchend herum. Mein Vater schaukelte wohl auf seinem Trecker über die Äcker seiner Ahnen und versprühte den braunen Segen der Erde in die Ackerfurchen, denn es war Frühling, die fruchtbare Zeit, in der die Luft geschwängert wurde mit Ammoniak.

Der breite Rücken meiner Mutter verdunkelte drohend das Küchenfenster, als ich mich aus dem Haus schlich und mit stämmigen Schritten zum Nachbardorf ging, wo mich ein Bus abholen und zur nächsten Kleinstadt bringen würde, von wo aus mir alle Wege und Möglichkeiten in die Welt des Jahres 1989 offen standen. So weit war die Zeit fortgeschritten, und ich halte sie nur kurz an, um einen Schnappschuss von mir zu machen, wie ich im dünnen Landregen stehend auf den Bus warte und versonnen in den fernen Horizont schaue, der sich über den braunen Feldern erhob.

Zweiter Teil

Die Gefangennahme

Ein anderer Ort

Die Bühne war bereitet für meinen nächsten Auftritt. Feiner Regen fiel schräg in eine Häuserschlucht. In der Stadt wurde er Landregen genannt, der in diesem Fall von der Ankunft eines Burschen vom besagten Lande kündigte. Dort wankte ich unter meinem Gepäck in weiter Ferne über den kotigen Bürgersteig und näherte mich im Zeitlupentempo dem Standpunkt des Betrachters. Aus den offenen Ladentüren drang der Geruch von Wurstwaren und Gebäck, die schon vor mir ihre Reise in die Stadt in Form von rohen Naturalien angetreten hatten. Auch ich fühlte mich noch sehr roh, und im Nachhinein konnte man mich sicherlich auch als ungeschliffen, ungeformt, oder unförmig bezeichnen, wenn Sie mir erlauben, wieder einmal auf die Dimensionen meines Körpers anzuspielen.

Der Bus hatte mich im Bahnhofsviertel ausgeladen, und nach seiner eruptiven Entleerung von Fahrgästen trat er den Rückweg in meine Heimat an, die ich, so hoffte ich, endgültig hinter mir gelassen hatte. Es ist der Wille des Erzählers, dass ich den Weg am Hafen entlang in die Innenstadt nahm. Mithin war es ein verhängnisvoller Weg, und ich frage mich, wie mein Leben verlaufen wäre, hätte ich an einer Straßenkreuzung eine andere Richtung eingeschlagen, und wäre ich nicht an einer schmierigen Hausfassade entlanggelaufen, die ich zunächst gar nicht bemerkte, bis ich das Schild mit der Aufschrift ‚Pension' über einer Tür mit abblätternder Farbe prangen sah. Mein Gang geriet ins Stocken. Das Etablissement sah nicht sehr einladend aus, und meine Fantasie nahm die durchgelegenen Matratzen und den abgewetzten Teppich vorweg, doch ich glaubte, die Unterkunft gefunden zu haben, die meinem Kontostand und dem Inhalt meines Portemonnaies angemessen war.

Ich trat ein. Ein Gestank von Schimmel und Fäulnis schlug mir entgegen. Aus einem Kofferradio drang scheppernd Marschmusik. Vor mir öffnete sich ein schmaler Flur, an dessen linkem Ende ein trübes Licht glomm. Ich ging darauf zu und stolperte über eine Stufe, die sich mir in den Weg gestellt hatte. Schließlich stand ich vor der Rezeption, die ich indes nicht sofort als solche erkannte, denn sie bestand nur aus einer winzigen Nische, die durch einen nackten Küchentisch vom Rest des Flures abgetrennt war.

Sie erkennen in dieser Szene vielleicht einen alten amerikanischen Spielfilm aus der Nachkriegszeit wieder und erwarten womöglich, dass in der Nische ein Verschnitt von James Dean und Humphrey Bogart saß, der mit den Beinen auf den Tisch eine billige Zigarette raucht und den Neuankömmling aus schmalen Augen kritisch beäugt. Doch ich muss Sie enttäuschen, denn der Platz hinter dem Tisch war leer. Weiterhin irritierte Marschmusik aus einem versteckten Radio meine Gedanken. Es mögen einige Minuten inhaltslos verstrichen sein, als aus dem Dunkel hinter mir ein Schlurfen von Pantoffeln ertönte. Erschrocken wand ich mich um und blickte in das hakennasige Gesicht eines Mannes, den ich auf über 80 Jahre schätzte. Eine rosige Warze über der Stirn korrespondierte mit der Farbe der Nasenspitze, am auffälligsten war jedoch die enorme Hornbrille, die fast bis zur Warze reichte und hinter der sich ein Paar grüner Froschaugen verbarg.

„Junger Mann?" krächzte eine dünne Stimme, die in jungen Jahren wohl sehr unter starkem Tabak und hochprozentigen Getränken gelitten hatte.

„Junger Mann?" fragte der alte Mann nochmals, da es mir wegen der sonderlichen Erscheinung zunächst die Sprache verschlagen hatte. Ich stotterte, dass ich ein Zimmer zur Übernachtung suchte.

„20 Mark pro Nacht ohne Frühstück." Der alte Mann kramte aus seiner Hosentasche einen Schlüssel hervor.

„Wie lange bleibst du?"

„Weiß noch nicht."

Der Schlüssel schwebte noch über meiner offenen Hand in der Luft, als sich die andere Hand des alten Mannes öffnete: „Man zahlt hier immer eine Woche im voraus."

Man hatte mir beim Militär beigebracht, jede Frechheit widerspruchslos hinzunehmen, und so legte ich die verlangte Summe in die offene Hand. Der Schlüssel gehörte mir. Eine ruckartige Bewegung des Kopfes hieß mich die Treppe hinauf zu gehen.

„Zimmer drei."

Meine jugendliche Erscheinung war wohl wenig vertrauenserweckend, denn der alte Mann beobachtete scharf durch seine kolossale Brille, wie ich die Treppe hinauf eilte und in Zimmer drei verschwand. Dessen Name war nicht gerechtfertigt, denn es gab nur zwei nummerierte Zimmertüren, wie ich schemenhaft unter einer nackten 40-Watt-Glühbirne erkennen konnte. Zimmer drei verdiente auch in anderer Hinsicht nicht seinen Namen, da es sich hierbei um einen Alkoven handelte, in den man ein altes Feldbett gezwängt hatte. Man konnte sich mit etwas Mühe daran vorbei zu einem offenen Fenster bewegen, das zu einem Innenhof hinaus führte. Ich sollte feststellen, dass es egal war, ob das Fenster offen stand oder geschlossen war. Der scharfe faulige Geruch ging mir nicht mehr aus der Nase, und der winzige Heizkörper unter dem Fensterbrett schaffte es selten, gegen die kalten Nächte des Aprils erfolgreich anzukämpfen. „Hach", seufzte das Feldbett, als ich mich darauf setzte, und freundlich gab die Federung meinem Gewicht nach.

Ich wäre in der Freiheit angekommen, dachte ich. Jede Freiheit habe ihren Preis, und so müsse man wohl zunächst mit unzulänglichen Zuständen leben, wog ich in meinem Kopf. Die Schlichtheit des

Mobiliars vertrug sich ausgezeichnet mit den grau getünchten Wänden. Scheinbar war die Erfindung von Tapete und weißer Farbe an dem Alten spurlos vorüber gegangen. Immerhin erhellte ein Farbdruck, der eine kalbende Kuh auf einer blumigen Wiese darstellte, die sonst sehr sachliche Atmosphäre meiner zukünftigen Bleibe. Bei näherer Betrachtung entdeckte ich weitere Vorzüge: Ein emailliertes Spülbecken zierte sich mit einem undefinierbaren Belag. Der dazugehörende Wasserhahn zeigte mir unaufgefordert sein ganzes Können und tropfte rhythmisch in den Ausguss. Es sollte sich zeigen, dass Öffnen und Schließen des Hahnes wenig Wirkung erzeugten, so dass meine Gedanken in einsamen Nächten ständige musikalische Begleitung haben würden.

Dumpf grollte ein Marschrhythmus durch den Fußboden. Ich tröstete mich mit dem Rauschen des Verkehrs, das durch das Fenster strömte und von der weiten Ferne erzählte, in die andere Menschen in ihren Fahrzeugen fuhren. Es fehlte zur Vollständigkeit der Szenerie nur eine rote Reklame, die in mein Zimmer blinkte, doch das dunkle Innere des Hofes versagte mir den Genuss, wie in einem kitschigen Spielfilm von dem pulsierenden Leben der Großstadt zu erzählen.

„Da bin ich", sagte ich halblaut zu mir selbst und verschränkte die Hände hinter meinem Kopf auf dem schmutzigen Kissen. Da war ich. Wo war das Glücksgefühl, die überschäumende Lust an meinem neuen Dasein? Vorerst beschloss ich, die Augen zu schließen und weiterhin zu tagträumen, bis Bruder Schlaf mich in seine Arme nahm.

Ich erwachte von einem neuen Geräusch, das aus dem Nachbarzimmer, Zimmer 2, drang. Es war ein lustvolles Stöhnen, zu dem sich das gleichermaßen lustvolle Stakkato einer Frau auf dem Höhepunkt des Geschlechtsaktes gesellte. Ich hatte das Vorspiel verschlafen.

„Ja, ja, gib es mir!"

Er schien ihr das Verlangte zu geben, aber vielleicht war der Orgasmus auch nur vorgetäuscht, da nach wenigen Minuten in Zimmer zwei Stille einkehrte, in die der nüchterne Satz fiel: „Macht 50."

Weitere Minuten später knarrte die Nachbartür, und behaglich rülpsend ging ein schwerer Körper die steile Treppe hinunter zur Straße. Ich fiel wieder in süßen Schlummer und erwachte erst wieder, als ein trüber Morgen aufgezogen war. Die Absteige, in die ich mich einquartiert hatte, war noch nicht erwacht. Sogar die martialische Blasmusik war verstummt, und mir schien, als sei ein schwerer Druck von meinem Kopf genommen. Das Leben konnte beginnen. Nach der morgendlichen Zeremonie der Körperwäsche, die ich unter einer wahrscheinlich selten benutzten Dusche am anderen Ende der Etage vollzog, stapfte ich hinaus in die große Stadt.

Da waren prachtvolle Glaspaläste, durch die Ströme von Menschen zogen, dann ging ich durch enge Gassen, die von den Auslagen kleiner Geschäfte gesäumt wurden. An mir zog ein bunter Reigen von Gestalten vorüber, elegante Herren trugen ihre Aktenkoffer zur Schau, alte Rentnerinnen führten Rauhaardackel an der Leine spazieren, und rotznäsige Jugendliche quälten die Enten im Stadtgraben mit gezielten Würfen von Zigarettenkippen und Glasscherben. Gelegentlich blieb ich vor einem Schaufenster stehen und drückte beinahe meine Nase daran platt, um die großartige Vielfalt von Konsumgütern in Augenschein zu nehmen.

Mein Gang war ziellos. Ohne System durchstreifte ich zuweilen dieselben Straßen mehrere Male. Ich genoss es. Niemand wartete auf mich, und niemand erwartete etwas von mir. Keine scharfen Kommandos durchschnitten die Luft, keine Verbote waren von meiner Mutter zu hören. Ich hätte endlos weiter durch die Straßen schlendern können, hätte sich nicht mein Magen hungrig gemeldet. Meine

Geldbörse war gestern erheblich dünner geworden, und nur allzu gut war mir mein Kontostand bekannt. So zog ich es vor, in einer Bäckerei ein paar Stücke Kuchen zu kaufen, anstatt mich in eines der zahlreichen Restaurants zu setzen, aus deren Öffnungen verführerische Düfte drangen. Der Traum, durch den ich wandelte, hatte seinen Preis, und ich tat gut daran, meine bescheidenen Ressourcen nicht in einem Kaufrausch zu verausgaben.

An der Rinde eines Käsekuchens kauend überlegte ich, womit ich Geld verdienen konnte. Ich hatte in der Schule und beim Militär nichts gelernt, was für den Broterwerb auf den ersten Blick nützlich gewesen wäre. Ich konnte ein wenig lesen, schreiben und rechnen, ich konnte die Unterschiede zwischen den Systemen des Kapitalismus (freie Welt) und des Kommunismus (Knechtschaft) gehorsam aufsagen. Weiterhin konnte ich mich in strammer Haltung von einem Feldwebel anbrüllen lassen, ohne die Beherrschung zu verlieren, und ich vermochte, unverletzt unter einem Gewirr von Stacheldraht durch ekligen Schlamm zu robben. Das waren erstaunliche Fähigkeiten, aber inwiefern waren sie mir in meiner neuen Lage hilfreich?

Ich wischte mir die Kuchenkrumen von meiner Hose und entschied, mir eine Arbeit zu suchen. Entschlossen ging ich in eine Welt voller Möglichkeiten, wenn man den bunten Reklamen und den Worten unserer damaligen Regierung Glauben schenken wollte. Ich versuchte mein Glück zunächst in einem Pralinengeschäft, an dessen Eingangstür ein Stellengesuch für eine Aushilfsbedienung angeklebt war.

Ich bemühte mich, ein freundliches Gesicht zu machen, als ich im Kasernenumgangston der adretten Dame an der Kasse einen guten Tag entbot. Vielleicht war mein Gruß ein wenig zu laut, und womöglich lud mein unrasiertes Gesicht nicht zu einem gemütlichen Schwatz über das

Wetter ein, mein aufgesetztes Grinsen konnte der eleganten Dame nur ein erstauntes Zucken der Augenbrauen entlocken.

„Bitte", sagte sie mehr angewidert als angenehm berührt.

Ich glaubte den geringen Effekt meines Auftritts mit Lautstärke kompensieren zu müssen und brüllte ihr ins Gesicht:

„Sie suchen doch eine Aushilfskraft."

Die Antwort war ein nervöses Zucken der Mundwinkel. Ich gab zum Ausdruck, dass sie endlich den Gesuchten gefunden habe, er stünde vor ihr und sei bereit, die Arbeit unverzüglich aufzunehmen. Ich war schon im Begriff, ihr meine Bankverbindung für die erste Vorauszahlung meines Gehaltes mitzuteilen, als sie mich kurzerhand stehen ließ und hinter einem Vorhang verschwand. Kurze Zeit später erschien sie wieder in Begleitung eines Mannes, der sich nicht nur durch einen gewaltigen Körperumfang, sondern auch durch eine Stimme wie eines Elefantenbullen in der Brunft auszeichnete, die aus den Tiefen eines alten Weinfasses zu kommen schien:

„Sie wünschen?"

Seine Frage war mehr eine Drohung als eine Einladung, und nach ein paar Sekunden sagte er schnaufend:

„Ich denke, du solltest jetzt besser gehen."

Ich leistete seiner Aufforderung Gehorsam und machte die Eingangstür vorsichtig von außen zu, um keinen Zweifel daran zu lassen, dass ich ein Mann von gehobenen Sitten war, der einer höflichen Bitte unverzüglich nachkommt. Sie wissen: Befehl ist Befehl, und das Gehorchen steckt uns Deutschen im Blut. So war es vor hundert Jahren, wenig hat sich daran in der Zwischenzeit geändert. Ich erkannte in dem Giganten den militärischen Vorgesetzten wieder, der kraft der Autorität und seiner äußeren Abzeichen eine ganze Schar von Rekruten im Zaum zu halten vermag.

Das war eine empfindliche Niederlage am Beginn meiner Karriere. Doch ich gab nicht auf und versuchte mein Glück erneut in einem Supermarkt am Rand der Innenstadt, wo es im Lager auszuhelfen galt. Der Filialleiter taxierte mich mit einem Blick, als fragte er sich, wie man mich überhaupt zu ihm vorgelassen haben konnte. In der Tat war ich seit Tagen unrasiert, und meine Garderobe war nicht ausgesprochen gewählt, wenngleich ich immerhin ein sauberes Hemd trug.

Immerhin wurde mir nicht gleich die Tür gewiesen, da ich dieses mal versucht hatte, möglichst demütig aufzutreten, eine Gratwanderung zwischen offensichtlicher Heuchelei und Bettelei einerseits und vermeintlich ungebührlichem Benehmen andererseits.

Die Konventionen haben sich in den letzten Jahrzehnten wenig geändert. Noch immer gilt hierzulande die Devise, man müsse sich nach oben buckeln. Hat man es aber erst einmal zu einem gewissen Ansehen gebracht, so müsse die erworbene Position mit allen Mitteln verteidigt werden, sei es mit Intrigen oder mit brutaler verbaler Gewalt. Gleichheit herrscht nur im Gefängnis, so könnte man meinen. Hier sind alle gleichermaßen rechtlos und entehrt, doch auch hinter Gittern herrschen dieselben Hierarchien, wenngleich der Umgangston ein anderer ist.

Der Filialleiter warf mir einen abschätzigen Blick zu und fragte: „Was können Sie?"

Auf mein ratloses Schweigen setzte er ungeduldig hinzu: „Was haben Sie gelernt?"

„Ich bin gelernter Landwirt."

„Und wo haben Sie gelernt?"

„Auf dem Hof meines Vaters."

„Dann haben Sie sicherlich auch ein Arbeitszeugnis."

Ich bedauerte mit einem Kopfschütteln: „Nein."

Ich fügte jedoch eifrig hinzu: „Aber ich habe ein Schulzeugnis. Wenn Sie bitte sehen wollen."

Mit einem skeptischen Blick nahm mein Gegenüber das säuberlich gefaltete Dokument entgegen. Mit erhobener Augenbraue wand er das Papier in den Händen und hielt es gegen das Licht. Es fehlte noch, dass er daran roch wie an einer Zigarre, um dessen Echtheit zu prüfen.

„Mathematik ausreichend."

„Aber Deutsch sehr gut", sagte ich.

„Sie sollten es einmal im Schlachthof am Nordrand der Innenstadt versuchen."

Er schaute dabei gelangweilt aus dem Fenster. Nur langsam begriff ich, dass das nicht nur eine Absage, sondern auch ein Rauswurf war. Wortlos reichte er mir das Schulzeugnis, und er machte auch keine Anstrengungen, sich von mir zu verabschieden, als ich fast mit einem Bückling rückwärts sein Büro verließ. Das war mithin das erste zivilisierte Gespräch seit meiner Einberufung zum Militärdienst, und ich verbuchte die Tatsache, nicht sofort geduzt zu werden, als einen ersten Fortschritt.

Eine Kassiererin erklärte mir den Weg zum Schlachthaus. Der Weg dorthin war zu Fuß in einer viertel Stunde zu bewältigen. Ich begegnete den Passanten auf dem Bürgersteig nicht mehr mit derselben Neugier wie noch vor wenigen Stunden und wurde einige male angerempelt, da ich versuchte, mit dem Blick an den Boden geheftet den zahlreichen Haufen von Hundeexkrementen auszuweichen. Offensichtlich lag das Schlachthaus in einer tierreichen und tierlieben Gegend, sagte ich mir. Das mochte für das Schlachthaus sprechen.

Im Labyrinth

Es lag ein süßer Geruch von Blut in der Luft, als ich durch den Hintereingang in den Schlachthof trat. Ich hatte gelernt, dass es sich für mich nicht schickte, ein Geschäft durch den Haupteingang zu betreten. Unversehens nahm ich den Weg, den das Schlachtvieh ging. Ich bemerkte meinen Irrtum erst, als sich der Eingang hinter mir verdunkelte und eine kleine Herde Mastkälber blökend in die Halle getrieben wurde. In der Halle herrschte nahezu Dunkelheit, die allenfalls von ein paar flackernden Neonröhren erhellt wurde, doch ich konnte sehr deutlich die Panik in den Augen der Kälber erkennen. Ich wünschte mir heimlich, nicht zum Schlachten abgestellt zu werden, falls ich hier eine Arbeit erhalten sollte.

Ich wich den Dunghaufen geschickt aus und klopfte an eine Bürotür. Da niemand auf mein Klopfen antwortete, öffnete ich vorsichtig die Tür und spähte in ein fensterloses Zimmer, das einem Verließ geglichen hätte, wären nicht die flackernden Neonröhren an der Decke gewesen, die den kahlen Kopf eines dicken Mannes beschienen.

„Was willst du hier", kam es aus dem Mund des Mannes zusammen mit einer Ladung Speichel und Butterbrot, welches er außerdem noch in seiner rechten Hand hielt.

„Ich suche Arbeit. Mir wurde gesagt, dass Sie vielleicht Bedarf an einer Aushilfe haben."

Der Glatzkopf musterte mich zunächst geringschätzig, doch allmählich erhellte sich sein Blick, als er an meinem korpulenten Körper in mir eine verwandte Seele erkannte, die reichliches Essen und Trinken nicht abholt war.

„Mal sehen", grunzte die Glatze freundlicher, „kann schon sein, dass wir jemanden in der Waschanlage brauchen. Was hast du bisher gemacht?"

„Landwirtschaft und Militär."

Das schien die Glatze gänzlich davon zu überzeugen, dass ich die rechte Aushilfe für seinen Schlachthof sei.

„Kannst gleich anfangen", und er brüllte durch die offene Tür: „Ali!"

Da daraufhin zunächst nichts geschah, brüllte er noch vehementer: „Ali!"

Endlich erschien in der Tür ein schmächtiger dunkelhäutiger Mann, den ich ein wenig älter als mich selbst schätzte.

„Ja, Chef?" keuchte der Gerufene.

„Nimm den da mit in die Waschanlage. Wie heißt du? Gut, also nimm ihn mit – zu den Fleischtöpfen Ägyptens", und auf seinem Gesicht breitete sich ein sardonisches Grinsen aus.

Es war mir gleich. Ich hatte eine Arbeit, und ich musste kein Blut vergießen. Zwar wusste ich noch nicht, was sich hinter dem Begriff ‚Waschanlage' verbarg, es konnte jedoch nicht allzu schlimm sein. Gedanklich verband ich Waschen mit Reinlichkeit und mit einer Arbeit für zierliche Frauen, die lustig schwatzend ein paar Waschmaschinen bedienten und die Kleidung für die Fleischergesellen wuschen.

Ali eilte mir voraus durch dunkle Gänge und über schmale Metalltreppen. Überhaupt schien das Schlachthaus einem Labyrinth zu gleichen, und ich malte mir aus, Opfer eines nach Menschenopfern verlangenden Getiers zu werden.

Endlich waren wir in einem gekachelten Raum angelangt, der reinlich wie ein Labor wirkte. Die Neonröhren beschienen zwei Bottiche, die mehrere Menschen fassen konnten und in denen metergroße Kraken sich im Todeskampf zu wälzen schienen.

„Hier wird gewaschen", sagte Ali.

Er brauchte mir nicht zu erklären, dass es sich um eine kolossale Dreckwäsche, eine große Sauerei, handelte, denn ein infernalischer

Gestank sagte mir, dass hier die Gedärme der Schlachttiere gewaschen wurden, um als zarte Umhüllung für Wurstwaren zu dienen, aus deutschen Landen frisch auf den Tisch, denn der patriotische Bürger unseres Landes liebt nun einmal Würstchen aus der Heimat, schon in früher Kindheit wird der Deutsche zum Karnivoren erzogen. Ali schien gegen den Gestank immun zu sein, aber auf mich wirkte er beinahe tödlich, und ich war einer Ohnmacht nahe.

„Du kannst dir einen Kessel aussuchen", sagte Ali, „der linke ist für Schwein, der rechte für Rind." Und mit einem besorgten Blick auf mein grünliches Gesicht setzte er hinzu: „Ich weiß, am Anfang ist es schwer, aber du wirst dich daran gewöhnen. Keiner will den Kot von Schwein oder Kuh waschen, aber der Chef zahlt gut."

Ali sprach in einem Singsang, der mich neugierig machte. Ali schien nicht aus dem Vorderen Orient zu stammen, wie sein Name zunächst vermuten ließ. Er zupfte mich am Arm.

„Komm, wir gehen nach draußen."

Ich war dankbar für seine Aufforderung. Weiter ging der Weg durch einen anderen Teil des Labyrinthes. Endlich blinkte am Ende eines Ganges Tageslicht. Dann standen wir auf einem Hof, auf dem noch der Lastwagen parkte, aus welchem vor kurzem die Herde Mastkälber entladen wurde. Der abgestandene Blutgeruch wirkte fast wie ein Riechsalz für meine überreizte Nase, und langsam wich von mir die Betäubung.

„In meiner Heimat gibt es so große Schlachthäuser nicht. So sauber, alles gefliest, und jeden Tag wird gewaschen."

„Und der Chef zahlt gut, ich weiß", ergänzte ich. Ali hob die Schultern.

„Natürlich. Bei uns ist es ein Sakrileg, Kühe zu schlachten, aber niemand verbietet die Innereien von Kühen zu reinigen. Bei uns sind manche Leute so arm, dass sie mit Kot von Kühen kochen. Das riecht genauso."

„Du kommst aus Indien? Warum hast du einen türkischen Namen?"

„Das ist einfach. Für euch Deutsche sind alle dunkelhäutigen Ausländer Türken. Ihr glaubt sogar, dass alle Türken Ali heißen. Wenn ein Ausländer bei euch arbeitet, dann nennt ihr ihn Ali, weil ihr euch nicht vorstellen könnt, dass es östlich vom Mittelmeer noch andere Länder gibt. So hat jede Firma ihren Türken. Das ist sehr praktisch, vor allem, wenn etwas nicht funktioniert und man einen Schuldigen braucht."

„Wie heißt du wirklich?"

„Mein Name ist sehr lang. Nenn mich Ali. Das ist ein einprägsamer Name, der seinen Zweck erfüllt."

Nichts ist so, wie es scheint, dachte ich.

„Wir müssen zurück. Es gibt heute noch viel zu waschen."

Ali führte mich zurück in den Waschsalon. Ein weißer gebügelter Kittel lag wie zum Hohn für mich als Arbeitskleidung bereit.

„Kittel ist Vorschrift", sagte Ali. Er zeigte mir, wie man Gedärme wusch und zum Trocknen aufzog. Er war die gute Seele des Schlachthauses, die das Elend der Arbeit am Waschtrog erträglich machte, sei es mit seinem bescheidenen Lächeln oder mit seiner melodiösen Stimme, die auch von einer Frau stammen konnte. Nach ein paar Stunden am Kuhdarmkessel war ich so elend, dass mich Ali mit einem Schulterklopfen auf den Feierabend aufmerksam machen musste.

„Geh nach hause und trink ein Bier."

Ich gab grob zurück, warum ich nach der Schinderei ausgerechnet ein Bier trinken solle.

„Alle Deutschen trinken ein Bier, wenn sie von der Arbeit kommen. Vielleicht auch zwei Bier."

Er grinste mich an. Ich war nie besonders schlagfertig. Wie Sie wissen, hatte ich in meiner Jugend weitaus mehr Schläge erhalten als ausgeteilt. Ich ließ es darum mit einem Nicken als Antwort bewenden und zog mir wortlos den Kittel aus, der von seiner vormaligen Reinheit und Frische einiges eingebüßt hatte.

Es stellte sich heraus, dass meine Behausung in der Nähe des Schlachthauses lag. Ich war benommen von den ätherischen Gasen in der Wäscherei und schlug daher den direkten Weg in die Pension ein, ohne die Schaufensterauslagen eines Blickes zu würdigen. Der faulige Geruch im Treppenhaus der Pension war wie Balsam für meine überanstrengten Geruchsnerven, allein des dumpfe Pochen der Marschmusik störte das Stillleben von Bett, Stuhl, Waschbecken und kalbender Kuh in meinem Zimmer. Es wollte sich kein Glücksgefühl bei mir einstellen, nun, da ich offensichtlich die große weite Welt kennen gelernt und eine Arbeit gefunden hatte. Meinem inneren Auge drängten sich die Eindrücke des Nachmittags auf: Das Vieh, das ängstlich muhend zur Schlachtbank getrieben wurde und die Gedärme, die sich wie galvanisierte Aale unter meinen Fingern wanden.

Ich musste eingeschlafen sein, da ich von den Geräuschen aus dem Nachbarzimmer aufgeschreckt wurde. Ein Bett quietschte rhythmisch und gab den Takt zu dem Stöhnen und Schreien an, dass sich allmählich zum Crescendo steigerte und nach dem Finale, einer großartigen Apotheose der Liebe, jäh abbrach. Die weibliche Stimme, die wie in der letzten Nacht den Preis nannte, klang durchaus sympathisch. Ich hätte gerne mit der Dame Bekanntschaft gemacht, meinte aber, dass sich unsere Arbeitszeiten und Freizeiten nicht in Einklang bringen ließen und ich mein Glück wohl woanders suchen musste.

Der nächste Morgen sah mich frisch gewaschen im Büro des Schlachtmeisters, der mir meinen Arbeitsvertrag aushändigte.

„Unterschreib", knurrte er immerhin großzügig einige Tropfen Speichel verspritzend. Ich gehorchte und nahm nur flüchtig zur Kenntnis, dass mein Gehalt bei weitem nicht den Erwartungen entsprach, die Ali in mir geweckt hatte.

„Gibt es noch etwas?"

Ich hatte wohl ein wenig gezögert, mich aus dem Büro zurückzuziehen, bedachte mich aber und verschwand sogleich im Labyrinth. Ali war wie gestern fröhlich gelaunt.

„Ich dachte schon, dass du von gestern genug hast und nicht wiederkommen würdest."

Wir machten uns an die Arbeit, nachdem ich mir einen blütenreinen weißen Kittel angezogen hatte, den Ali mir bereit gelegt hatte.

„Wie viele Tiere werden hier jeden Tag geschlachtet?"

„Es sind ungefähr tausend, das Federvieh nicht mitgerechnet", antwortete Ali.

Ich wog die Zahl in meinem Kopf. Wie viele Schlachthäuser musste es außer diesem geben, um alles Vieh aus dem Umland zu verarbeiten? Ich verglich die Anzahl und Größe der Mastställe in meiner Heimat mit der Zahl tausend, multiplizierte mit den Tagen des Jahres, zog Wochenenden und Feiertage ab, erwog die Zeitspannen, die ein Rind, ein Schwein bis zur Schlachtreife benötigten und gab dann doch die Rechenakrobatik des Todes auf, da sich eine neue Ladung Gedärme aus dem Förderband in meinen Trog ergoss.

Endlos dehnten sich die Tage meiner neuen Tätigkeit. Es waren nicht allein die betäubenden Gase, die mich abends todmüde zu meinem Bett wanken ließen. Die Arbeit war auch physisch ungemein anstrengend, so dass ich die nächtlichen Orgien im Nachbarzimmer kaum noch zur Kenntnis nahm. Meine Nachbarin war jedoch eine ständige Versuchung für mich, obwohl ich bisher nur ihre Stimme kannte. Ich fragte mich, ob ich mir am Ende des Monats, wenn mein Gehalt ausgezahlt werden würde, ein Vergnügen leisten konnte, das genau 50 Mark kostete. Ich hoffte insgeheim auf einen Rabatt wegen guter Nachbarschaft. Solche Erwägungen waren indes nutzlos und nur genährt von meinen im Übermaß vorhandenen Hormonen, die nicht im mindesten mit meinen Erfolgsaussichten korrelierten, wie ich mir heute vergegenwärtigen muss.

Zeit ist beliebig dehnbar oder zu beschleunigen, und ich mache von meinem Recht als Erzähler Gebrauch, den Film etwas schneller abzuspielen. Minuten summieren sich zu Stunden, welche 24 Stück an der Zahl einen Tag ergeben. Ein Tag setzt sich zusammen aus verschiedenen Realitäten. Sie sollen heißen Schlachthaus, Alis Lächeln, zuckende Gedärme, bestialischer Gestank, angstvolles Geräusch der Opfertiere von einem anderen Ende des Labyrinthes, weiße Kittel, die bald rot und braun wurden, beschmutzte Bürgersteige, Feuchtigkeit in meinem Zimmer, Marschmusik, kalbende Kuh, lärmende Nachbarin, endlich Schlaf, dumpfes Erwachen eines neuen Tages, der grau heraufzieht, und wieder Alis Lächeln, Gedärme, Kittel, kalbende Kuh, lustvolles Schreien, Lächeln, Kittel, Kuh, Schreien, Lächeln, Schreien, Lächeln, Schreien, Lächeln, Schreien, Schreien, Schreien!

Das atemberaubende Tempo meiner Worte verkürzt die damalige qualvolle Langsamkeit zu einer Erinnerung von akzeptabler Länge. Es wäre unerträglich, wenn jede Erinnerung gleichberechtigt neben der Gegenwart stünde. Der Speicherbedarf in unserem Gehirn wäre gigantisch, und wir bräuchten nicht nur einen größeren Kopf, sondern auch einen leistungsstärkeren Prozessor, um hier eine Erinnerung in einem unbenutzten Winkel abzulegen und um dort eine verstaubte Vergangenheit ans Tageslicht zu holen und ihr neuen Glanz zu verleihen. Es ist gut, dass wir vergessen dürfen, sobald der Schmerz nachlässt. 20 Jahre nach einem Martyrium nimmt sich die vergangene Agonie wie ein makabrer Scherz aus. Es darf dann wohl gelacht werden über die Kloake, in der wir unser Leben fristeten. Das Rot der Blutspritzer verblasst und wird schließlich zu einem kitschigen Rosa. Ei, wie war das über alle Maßen komisch, wie wir litten und leiden ließen, bald Opfer, bald Täter, selten nur Zuschauer.

Und wieder dehnt sich die komprimierte Zeit zu Stunden und behäbigen Minuten. Zu dem Schreien gesellt sich das Lächeln, dann die kalbende Kuh samt Verdauungstrakt, bis die Gegenwart wieder vollständig vor meinem geistigen Auge erscheint.

Das Kollektiv und der Wahnsinn

Ich stand wieder zwischen gekachelten Wänden im weißen Kittel, der bald besudelt sein würde von Kot und Blut. Neben mir arbeitete Ali am zweiten Kessel, aus dem es geisterhaft dampfte, es war nur eine Frage der Technik, den Sud auf die richtige Temperatur zu erhitzen, so dass sich die Rinderseelen gleichsam verflüchtigten, um an der Decke zu klebrigem Schleim zu kondensieren.

„Was für ein schöner Tag", sagte Ali.

In der Tat war es farbenfroher Hochsommer. Nach einer gewittrigen Nacht hatte Eos, die Göttin der Morgenröte, den Himmel mit zartem Kolorit umwoben. Der nächtliche Guss hatte die Bürgersteige gereinigt. Fröhlich dampfte es aus den Pfützen, die kleine Kinder auf dem Weg zur Schule zum Plantschen einluden. Es war wirklich ein schöner Tag, wenn man die alltägliche Schweinerei im Schlachthaus unberücksichtigt ließ.

„Ja, wirklich ein schöner Tag", sagte ich versonnen.

„Und morgen ist Wochenende", frohlockte Ali.

Am morgigen Tage sollte in der Tat die Arbeit ruhen, und ich fragte mich, was ich mit meiner Zeit wohl beginnen sollte. Meistens lag ich nur in meinem Verließ und verschlief genussvoll den Vormittag. Am Nachmittag streifte ich für gewöhnlich durch die geschäftigen Straßen der Innenstadt und gab meinen kümmerlichen Lohn für notwendige Einkäufe aus.

„Hast du morgen schon etwas vor?" fragte Ali, „morgen Nachmittag spielt unsere Mannschaft um den Landespokal."

Ich begriff nicht sofort.

„Und ich habe zwei Karten für die Tribüne." Ali grinste. Es erschien mir wie ein ungeheurer Luxus, mir ein Fußballspiel von einer Tribüne anzusehen. Darum war ich zunächst skeptisch.

„Kostet nichts. Ich lade dich ein."

Es bereitete Ali sichtlich Freude, andere Menschen glücklich zu machen.

So war es abgemacht. Am morgigen Tag würde ich mit Ali ins Fußballstadion gehen, um einmal als Zuschauer das große Hauen und Stechen auf dem Rasen aus geringer Distanz zu betrachten. Ich würde mit tausend anderen jubeln und buh rufen und mit meinem Daumen über Sieg oder Niederlage entscheiden.

Da war der Nachmittag des Sonnabend, der Ali und mich in der Schlange am Stadioneingang stehen sah zusammen mit einer gewaltigen Schar von Fußballfans, die sich in zwei Gruppen unterscheiden ließen. Die Anhänger der einen Gruppe trugen trotz der lähmenden Julihitze rote Schals und Mützen. Überhaupt war jedes Kleidungsstück an ihnen in Rot getaucht, während die Anhänger der anderen Gruppe sich mit konservativem schwarz und blau schmückten. Die Stimmung war prächtig. Schwitzende Gesichter glänzten gleich den Tröten und halbleeren Bierflaschen in der Sonne, die erbarmungslos vom Himmel brannte wie in einem Gemälde von van Gogh. Das Stimmengewirr wurde begleitet von episodischen Schlachtgesängen und Hupen. Alles zusammen ergab eine Kakophonie in unbekannter Tonart, die mir als berauschender Trunk galt, um den Alltag im Schlachthaus zu vergessen. Die Menge wogte geräuschvoll zum Stadioneingang und verströmte dahinter einer viskosen Flüssigkeit gleich in die Sitzreihen und legte sich über das Rondell.

„Dort kommt unsere Mannschaft", rief Ali begeistert neben mir auf der Tribüne, die bei weitem nicht so exklusiv besetzt war, wie ich nachts zuvor geträumt hatte. Das Rauschen der Menge schwoll zu einem gewaltigen Brüllen an, als die beiden Mannschaften den Rasen betraten und Aufstellung zum Spiel nahmen.

Ich erkannte die heimische Mannschaft, die ich zu bejubeln hatte, weniger an ihren roten Trikots, als an der Tatsache, dass jeder Ballkontakt eines roten Spielers lautstark gefeiert wurde. Das Schauspiel wehender Fahnen und triumphierender Chöre von Gassenhauern, die mal aus der einen, dann wieder aus der anderen Kurve des Stadions erschallten und sich schließlich zu einem einzigen unharmonischen Getöse vereinigten, war zunächst beeindruckend. Ich verlor mich beinahe im kollektiven Rausch und hätte fast mitgejubelt, doch etwas in mir hielt mich zurück. Ein Blick auf meinen Nachbarn brachte die Ernüchterung. Ich erkannte Ali kaum wieder, so vollständig hatte er sich vom bescheiden lächelnden Kollegen in einen Besessenen verwandelt. Aus seinem zum Schreien verzerrten Gesicht funkelten zwei im Wahnsinn glänzende Augen. War das noch ein Mensch? Oder war das, was ich sah, das wahre Wesen des Menschen, der sich dadurch vom Tier unterschied?

Im Gegensatz zu dem Geschehen auf den Rängen verlief das Spiel eher gemächlich und erbrachte kaum eine Torgelegenheit. In aller Freundschaft passten sich die Spieler den Ball zu und warteten auf die Halbzeit, in der sie sich von den Strapazen und der Lärmbelästigung erholen würden. Ein Unentschieden war offensichtlich beiden Mannschaften genug. Dementsprechend war der körperliche Einsatz mäßig. Kurz vor der Pause gab es erste Pfiffe. Der Mob wollte mehr sehen. Man hatte sich nicht nur auf ein paar Tore und den anschließenden Triumph gefreut, man lechzte auch nach dem einen oder anderen spektakulären Foul, welches die Gefühle noch mehr in Wallung bringen würde, sei es durch maßlose Freude über den gefällten Feind oder durch ohnmächtige Wut über den stürzenden Freund.

Die Pause brachte die Erlösung vom Druck der Erwartung. Der Lärm der Menge schwoll ab und ging unter in der Musik, die aus den

Lautsprechern dröhnte. Im Zweivierteltakt wurden die Zuschauer diszipliniert. Sie bewegten sich zur Musik und brachten eine wellenförmige Bewegung zustande, die das ganze Stadion erfasste und regelmäßig über Ali und mich hinweg brandete. Endlich erkannte ich Ali wieder. Seine Gesichtszüge waren wieder ebenmäßig und ruhig wie immer. Ihm lag nichts an der uniformen Bewegung der Massen, die uns Deutschen so lieb ist.

„Es ist nicht, wie ich dachte", rief er mir ins Ohr, um durch die Musik durchzudringen. Ali war enttäuscht. Ihm war allein das Spiel wichtig. Er hatte auf eine rasante Partie gehofft, um sich an intelligenten Spielzügen zu berauschen. Er hatte sich anfangs in jungfräulicher Erwartung vom kollektiven Wahnsinn anstecken lassen. Nun war er enttäuscht über den ausgebliebenen mentalen Orgasmus.

„Lass uns sehen, was die nächste Halbzeit bringt", rief er, doch ich erriet, dass er sich kaum eine Besserung des Spiels erhoffte und nur mir zuliebe auf der Tribüne ausharren würde, so wie ich seinetwegen blieb.

Erneut wurde zum Anstoß gepfiffen, und die langweilige Partie nahm ihre Fortsetzung. Die Welle des Publikums wurde abgelöst von vereinzelten Trommeln und Tröten, die jedoch ein baldiges Umschlagen der allgemeinen Stimmung in Frust und Wut über den mangelnden Einsatz der Spieler nicht verhindern konnten. Protestchöre wurden angestimmt. Aus tausend Kehlen gellte es über den Platz, die Spieler mögen heim gehen. Man solle den Bayern die Lederhosen ausziehen, grölte es. Doch tausend Pfiffe vermochten nichts gegen die Lethargie des Spieles auszurichten. Längst waren die Fahnen eingeholt worden. Stattdessen wurden hinter dem gegnerischen Tor Knallkörper und Leuchtraketen abgeschossen. Eintrittskarten wurden zerrissen und regneten gleichermaßen auf die graue Masse der Zuschauer und den grünen Rasen. Zusätzlich tat der Bierkonsum seine enthemmende

Wirkung, so dass es zu Gewaltszenen auf den unteren Rängen kam. Ali und ich konnten uns glücklich schätzen, auf der Tribüne zu sitzen, die noch über die pöbelhafte Gewalt der Stehplätze erhaben war.

„Lass uns gehen", sagte ich zu Ali und berührte dabei seine Hand. Er hörte mich nicht im Schlachtenlärm, aber er verstand mich dennoch und nickte nur. Betroffen schlichen wir durch den Ausgang, während hinter uns die Lage weiter eskalierte.

„Es tut mir leid", sagte Ali, als wir uns meiner Pension näherten, „ich hatte nicht gedacht, dass so etwas möglich ist."

Er dachte ein wenig nach.

„Bei uns in Indien ist es anders. Wir kommen in großen Scharen zusammen, um religiöse Feste zu feiern."

„Gibt es dabei keine Krawalle?"

„Nein. Aber es gibt regelmäßig Gedränge, bei denen Menschen zerquetscht werden. Wie Melonen."

„Was unterscheidet euch dann von uns?"

Ali blieb stehen und sagte, nachdem ich mich zu ihm umgedreht hatte: „Bei euch ist der Wahnsinn organisiert."

Wir gingen noch eine kleine Weile nebeneinander her und standen schließlich vor der Eingangstür meiner Pension.

„Hier wohnst du?" fragte Ali verwundert.

Ich begriff nicht, ob er das verfallene Schild über der Tür oder die Tatsache meinte, dass ich im Rotlichtviertel wohnte.

„Es ist ein wenig spartanisch, ich weiß."

Ich sagte nichts von den nächtlichen Eskapaden in meinem Nachbarzimmer, sondern zeigte Ali stillschweigend den Weg zu meinem Verließ.

„Wie hältst du das hier aus?"

Zugegebenermaßen bot sich uns kein besonders angenehmer Anblick, als wir in meinen Verschlag traten. Auf dem Feldbett türmte sich der Einkauf des Vormittags, und der Wasserhahn versuchte, den Takt, der dumpf aus dem Erdgeschoss durch die Wände drang, zu imitieren, doch es war hoffnungslos, das absurde Gleichmaß der Pauken und Trompeten einzuhalten. Ali warf einen Blick in den Innenhof.

„Es kann nicht so billig sein, dass du hier seit Monaten haust wie ein Arbeiter in einem Roman von Charles Dickens."

Mir kam seine Umschreibung meiner Situation seltsam poetisch vor, und ich dachte, dass sich hinter Alis beflissenen und bescheidenen Wesen wohl mehr Intelligenz verbarg, als ich ihm bisher zugetraut hatte.

„Du musst hier so schnell wie möglich ausziehen. Hier gehst du zugrunde."

Innerlich stimmte ich ihm zu, aber ich mochte aus falschem Stolz nicht zugeben, dass ich bisher zu faul und zu müde war, es mir in meinem Leben schön zu machen. Andererseits berührte mich Alis Besorgnis seltsam. Ich hatte noch nie zuvor erlebt, dass sich jemand über mich Gedanken machte.

„Morgen gehen wir auf Wohnungssuche", sagte Ali bestimmt, und da ich nicht widersprach, fügte er resolut hinzu: „Ich komme morgen um zehn und bringe die Zeitungen von heute mit."

Ich nickte stumm und erwiderte den Händedruck, mit dem sich Ali verabschiedete.

„Wir finden eine hübsche kleine Wohnung für dich, mein Freund."

Damit entschwand Ali und ließ mich allein mit dem taktlosen Wasserhahn und dem Bett, das unter meinem Gewicht ächzte.

Die Szenerie ändert sich unwesentlich

Am nächsten Morgen stand Ali in meiner Zimmertür und wartete ungeduldig, bis ich mich angezogen hatte. Er war ausnehmend elegant gekleidet und wirkte in einem grauen Flanellanzug wie ein fernöstlicher Staatsmann.

„Glaubst du, die Leute würden einem jungen Mann in Jeans zusammen mit einem dunkelhäutigen Inder ihre Mietwohnungen auch nur zeigen?"

Mein Pensionswirt nahm indes von Alis Garderobe keine Kenntnis. Er nickte nur kurz, als ich ihm sagte, ich würde bald ausziehen.

„Die Miete ist ja bezahlt", krächzte er, drehte sich um und entzog uns sodann den Anblick seiner leuchtenden Stirnwarze.

Ali hatte auf einem alten zerfledderten Stadtplan die Wohnungen markiert, die für mich in Frage kamen, nachdem er noch am gestrigen Tag die Annoncen in den hiesigen Tageszeitungen studiert hatte.

„Eine Einzimmerwohnung mit Bad und Küche muss genügen", bestimmte er.

Eine Straßenbahn transportierte uns zunächst in eine kleinbürgerliche Siedlung am Nordrand der Stadt. Der weite Weg war jedoch vergeblich, denn nachdem uns ein distinguierter Herr die Tür zu einem roten Backsteinhaus geöffnet hatte, hieß es nach kurzer Musterung unseres Aufzugs: „Wir geben nichts."

In einer anderen weniger vornehmen Wohngegend ließ uns eine ältere Dame mit Langhaardackel auf ihrem Arm wissen: „Ich persönlich habe nichts gegen Ausländer, aber die Leute hier sind ein wenig komisch, was dunkelhäutige Leute wie Sie anbelangt."

Die Tür schloss sich langsam aber entschieden, bevor Ali sagen konnte, dass die Wohnung für mich, einen hellhäutigen Deutschen mit untadeligem Leumund bestimmt sei. Es ging allmählich abwärts. Wir bewegten uns mit zunehmender Dauer des Tages in ärmeren Wohngegenden und Straßenschluchten. Schließlich standen wir vor einem graugetünchten Mietshaus, das den letzten Krieg unbeschadet überdauert und sich seitdem jeglicher äußeren Renovierung beharrlich widersetzt hatte. Wir wurden von einem geschäftsmäßig gekleideten Herrn mit öliger Stimme empfangen: „Willkommen in unserem Land, Herr, äh, aja. Also Sie wollen die Wohnung mieten."

Er betrachtete mich skeptisch. Vielleicht irritierten ihn meine ausgewaschenen Hosen, doch er fasste sich wieder, nachdem ihm die Gesichtszüge für einen Augenblick entglitten waren.

„Sie werden sich hier sicherlich wohl fühlen. Hier wohnen viele junge Leute in der Nachbarschaft, Studenten, wissen Sie. Was machen Sie noch gleich beruflich? Sehr schön, das muss auch getan werden."

Er öffnete uns die Tür zu einer Mansardenwohnung. Sie erschien mir wie ein Traum, sie war leer und weiß gestrichen. Alles wirkte ordentlich, es roch nicht unangenehm, und kein Rhythmus donnerte als akustisches perpetuum mobile durch die Wände. Es gab auch bedeutend mehr Platz als in meinem Pensionszimmer, wenngleich ich mich sogleich an der Dachschräge stieß. Immerhin würde es genügend Raum für ein anständiges Bett, einen Kleiderschrank und ein paar Stühle geben, die ich jedoch noch beschaffen musste. Es gab in einem bescheidenen Badezimmer sogar eine Dusche. Die Küche wurde allerdings durch eine Spüle und zwei Kochplatten in einer winzigen Nische ersetzt. Der Mietpreis war akzeptabel und durchaus nicht höher als für mein Pensionszimmer. Ich konnte mein Glück kaum fassen.

„Drei Monatsmieten Kaution", sagte der Vermieter mit vor berstender Begeisterung überschnappender Stimme. „Am nächsten Ersten steht Ihnen die Wohnung zur Verfügung."

Ali lächelte zustimmend, als ich ohne lange zu überlegen den Vertrag unterschrieb. Wir klopften uns auf die Schultern, als wir wieder auf der Straße standen. Ein alter Mann ging an uns vorbei in das Mietshaus und warf uns einen verwunderten Blick zu.

„Habt ihr etwa die Dachwohnung gemietet? Soso. Da braucht ihr aber im Sommer einen kühlen Kopf, und im Winter müsst ihr euch warme Gedanken machen."

Er lachte lautlos zuckend über seinen eigenen Witz, geriet ins Husten und schloss hinter sich die Haustür. Mich störte seine Bemerkung wenig. Ich hatte monatelang in einem Verließ gewohnt. Was konnte es Schlimmeres geben.

„Die Möbel bekommen wir gebraucht im Möbellager", sagte Ali.

Die Welt war voll Harmonie. Ich spürte wieder die Euphorie des Aufbruchs in eine bessere Zukunft wie damals, als ich in die Stadt zog. Das tägliche Martyrium im Schlachthaus würde mir bald wenig anhaben können, wenn ich mich abends in meine neue Wohnung zurückziehen könnte.

Der Juli verging für mich quälend langsam. Für Sie ist es hingegen nur ein geringes, davon zu lesen. Wieder reihten sich eintönige Realitäten aneinander und wurden nur durch den Kauf einiger Möbel unterbrochen. Dann zog endlich der August herauf. Mit einem geliehenen Lastwagen brachten Ali und ich an einem gewittrigen Sonntag meine Habe in die neue Wohnung. Die Möbel waren schnell in der Mansarde verteilt, wir stellten das Bett unter die Dachschräge und den wackligen Kleiderschrank an die Außenwand. Die Wand zur Nachbarwohnung blieb einigermaßen unverstellt. Wer mochte dahinter wohnen? Es würde wohl keine Prostituierte sein, die mit ihren Gaben freigiebig und offen lauten Markt hielt. Bisher hatte ich noch keine Stimmen aus der Nachbarwohnung vernommen, und so durfte ich mir träumerisch ausmalen, eine reizende Studentin als Nachbarin zu haben, eine hübsche Lernkrankenschwester aus dem Krankenhaus des Stadtviertels, oder irgendeine andere zierliche Person, die nur darauf wartete, meine Bekanntschaft zu machen.

Ich war ein heiliger Narr, darin werden Sie mir zustimmen. Die Wirklichkeit ist schadhaft und abgenutzt und hält mit unserer Fantasie keinem Vergleich stand. Im besten Fall übersehen wir bei guter Laune und schönem Wetter die Tristesse des Alltags.

Um zehn Uhr abends hatte sich Ali nach ein paar gepflegten Gläsern Bier längst von mir verabschiedet. Ein Gewitter hatte keine Abkühlung gebracht. Darum lag ich fast nackt auf meinem Bett und wartete auf den Schlaf. Ich war schon im Begriff, sanft hinüberzugleiten, als ich durch lautes Scheppern wieder wach gerüttelt wurde.

„Mach mal Licht", sagte die Stimme einer Frau. Es klang überhaupt nicht freundlich, sondern war nur Befehl an einen Schweigenden. Dann vernahm ich ein Seufzen.

„Diese Schuhe bringen mich um", keifte die Frau.

Wieder trat Stille ein. Meine Nachbarin steigerte sich allmählich in eine Wut hinein, wie ich sie bis dahin nur von meiner Mutter kannte. Du, du, nur du allein habest schuld, spielte die kleine Nachtmusik aus der Nachbarwohnung, und ich, ich, ich allein habe alles bezahlt. Dieser Refrain wurde mehrmals wiederholt und zwischendurch von einem Lamento über unbefriedigtes Sexualleben, Untreue und leere Haushaltskassen begleitet. Offensichtlich galten die Tiraden einem Mann, wohl dem langjährigen Lebensgefährten, der in kurzen Sprechpausen zu einer Antwort anhob, aber sofort wieder durch nochmalig gesteigertes Keifen in seine Schranken verwiesen wurde.

Man hatte in der guten alten Zeit, als das Mietshaus gebaut wurde, wenig Wert auf Schalldämmung gelegt. Die Wand zur Nachbarwohnung hätte aus Pappe sein können. Darum ging ich ins Badezimmer und suchte nach Watte. Da ich aber keine fand – ich hatte in törichtem Mangel an Voraussicht keine gekauft – stopfte ich mir Fetzen von Toilettenpapier in die Ohren. Es half nichts. Die nächtliche Schwüle und der Ehestreit hielten mich bis tief in die Nacht wach, so dass ich am nächsten Morgen wie zerschlagen war und schlafwandlerisch zur Arbeit erschien.

„Die erste Nacht in der neuen Wohnung ist immer schlaflos", sagte Ali mitleidig, „du musst dir einfach ein paar Ohrstöpsel kaufen. Du wirst sehen, die wirken wunderbar."

Tatsächlich hörte ich in der nächsten Nacht die eheliche Auseinandersetzung dank der Ohrstöpsel nur gedämpft, doch die lähmende Hitze wich auch bei offenem Fenster nicht aus meiner Wohnung, und ich sehnte mich nach meiner modrigen Gruft in der Pension zurück.

Wieder hielt Ali sein warmes Mitleid für mich bereit: „Ja, das ist schlimm, aber denk nur, wie heiß es bei uns in Indien in der Trockenzeit ist."

Natürlich gibt es immer etwas, das noch unerträglicher ist als ein Leben voller Gestank, Lärm und Hitze, doch fand ich wenig Trost in der Tatsache, dass andere Menschen unter ganz ähnlichen Bedingungen ihr Dasein fristeten. Meine Ansprüche an Komfort waren seit meinem Auszug aus der Pension gestiegen, und ich wollte nicht länger hinnehmen, was schließlich unvermeidlich war.

„Wir müssen dich auf andere Gedanken bringen", meinte Ali, „in ein paar Wochen beginnt wieder die Theatersaison. Du wirst sehen, das ist etwas anderes als ein Massaker im Schlachthaus oder im Stadion."

Das verzweifelte Blöken einer Herde Schafe vom anderen Ende des Labyrinthes schien Ali beizupflichten. Noch rochen die gemarterten Tiere nur das blutige Schicksal ihrer Vorgänger auf der Schlachtbank.

Schon bald würden wir die Opferschau anhand ihrer Eingeweide vornehmen. Es blieb uns jedoch nur zu weissagen, dass noch in hundert Jahren ihre Artgenossen in ähnlicher Weise zu Tode kommen würden.

Zeit, vergehe, lautet der Zauberspruch, der August und September im Zeitraffer vergehen lässt und mir die Mühsal erspart, die Geschicke der Schlachttiere tausendfach wiederzukäuen. Im Nachhinein frage ich mich, warum ich damals nicht an meiner Situation verzweifelte. Was ließ mich an der Hoffnung festhalten, es würde sich alles zum Guten wenden? Ähnlich mag es nur dem Lotteriespieler gehen, der nach Jahrzehnten enttäuschter Erwartungen immer noch die Illusion auf den großen Gewinn aufrecht erhält. Mein Dasein war verwoben mit den Leben der Kreaturen, die nicht von ihrem Ende wussten, solange sie im engen Stall unbehelligt fressen und verdauen durften. Mir war bekannt, was nach einigen Jahren von den gemästeten Innereien übrig blieb, doch ich weigerte mich, den entscheidenden Vergleich zu ziehen.

Verblendet sah ich wie die meisten Zuschauer im Fernsehen, wie tausend Demonstranten durch die Straßen von Leipzig zogen und das Volk hochleben ließen. Sie forderten ihre Freiheit, das Ende jahrzehntelanger Unterdrückung. Binnen weniger Monate würde die Parole ins Gegenteil verkehrt werden, und man würde nach Einheit des Volkes und der deutschen Nation schreien. Die nationale Idee kam zurück aus der finsteren Vergangenheit. Das anscheinend lang entbehrte Vaterland würde wiedererstehen, und seine Landschaften erblühten zumindest in den Reden einiger Politiker. Die unverstandene Geschichte kehrte an den Anfang zurück. Es gab nur wenige Mahner, die an vergangene Greuel des vereinigten Deutschland erinnerten. Die Mehrheit ignorierte sie im Rausch der avisierten Wiedervereinigung.

Vorerst war es nur ein Wunsch, den die Menschen im Osten in ihrer Brust nährten. An Stammtischen und in Liedertafeln im Westen wurde wieder die erste Strophe der Nationalhymne geübt, der Sieg der patriotischen Engstirnigkeit schien greifbar nahe. Auch im Schlachthaus summte es vor Begeisterung über die Entwicklung bei den Menschen im Osten.

„Ich frage mich nur, was ihr von einem vereinten Land habt", sagte Ali, „die Leute werden nicht plötzlich besseren Sex davon bekommen. Es wird ihnen in einem neuen großen Deutschland nicht besser gehen als zuvor."

Ansonsten schwieg er zu den dumpfen Parolen unserer Kollegen.

„Am Sonntag spielen sie im Staatstheater ‚Die Schöne und die Bestie'", wechselte er das Thema.

Ich erriet, was Ali gleich sagen würde: „Ich habe zwei Karten im Parkett. Kostet nichts, du bist eingeladen."

Ich wollte nicht fragen, wie Ali seine Großzügigkeit finanzierte. Bisher wusste ich wenig von seinen Lebensumständen. Es hieß, er lebte bei seinem Onkel. Doch niemand konnte mit Bestimmtheit sagen, ob er verheiratet war. Sogar sein Alter war mir unbekannt. Seine Klugheit schien auf reichlich Lebenserfahrung schließen, andererseits wirkten sein makelloses Gesicht und heiteres Wesen sehr jugendlich, so dass ich ihn auf wenige Jahre älter als mich schätzte. Ich beschloss, die Einladung anzunehmen und mich bei nächster Gelegenheit zu revanchieren.

Der Vorhang geht auf

Mittwoch verging, Donnerstag folgte ihm zögerlich nach, Freitag wollte lange nicht verstreichen, Sonnabend zerrann träge, endlich war es Sonntag. Ali erschien pünktlich an meiner Wohnungstür, um mich abzuholen. Er hatte wieder seinen grauen Flanellanzug angelegt. Dazu trug er eine seidene Fliege, die ihn noch mehr den normal Sterblichen entrückte. Neben ihm wirkte ich wie ein Obdachloser, wenngleich ich mein bestes Hemd trug und meine fadenscheinigen Jeans gegen graue Tuchhosen vertauscht hatte.

Selbst im Parkett des Theaters war Alis Kleidung über jeden Zweifel erhaben, er sei keine vornehme Persönlichkeit. Die alltäglichen Hemden, Jacken und Röcke der Sitznachbarn unterstrichen noch seine herausragende Stellung.

Der Vorhang öffnete sich. Mit offenem Mund nahm ich die märchenhafte Bühnendekoration wahr, es war mein erster Theaterbesuch, so durfte ich noch über die Trugbilder und Masken gehörig staunen. Man muss bedenken, dass ich durch das Fernsehen eine gewisse Vorbildung besaß, doch die Schauspieler auf der Bühne waren keine virtuellen austauschbaren Figuren, nein, sie schwitzten wie jedermann, wahrscheinlich hatten sie auch Mundgeruch oder Schweißfüße, oder sie litten gar unter einer seltenen Hautkrankheit, die sich unter den barocken Kostümen verbarg und böse wucherte.

Auftritt der Bestie. Sie war wahrhaftig ein ziemliches Untier, in dem jedoch ein leidendes menschliches Wesen steckte, das erlöst werden wollte.

Auftritt der Schönen. Sie war wirklich schön. Grelle Schminke unterstrich ihren entzückenden Augenaufschlag und ihre reine rosige Haut, ein opulenter Stehkragen brachte einen zarten Schwanenhals zur

Geltung, und unter einem spitzenbesetzten Kleid trug die Schöne ein paar züchtige weiße Seidenstrümpfe und braune Schnallenschuhe, wie es das Zeitalter, in dem das Stück spielte, vorgab.

Soll ich noch weiter ausführen, dass ich mich sofort in die Schöne verliebte, war sie doch schöner als jede mir bis dahin bekannte Frau. Die klare Stimme ließ mich köstlich schaudern und tröstete über die dürftige Handlung des Stückes hinweg. Die Geschichte glich tatsächlich den märchenhaften Seifenopern, die ich in anderen Tagen konsumiert hatte, nur bedienten sich die Darsteller einer unvergleichlich vornehmeren Sprache, als sie in Fernsehserien verwendet wurde. Das unschuldige Entsetzen der Schönen ließ mich im Innersten erbeben. Das glückliche Ende rührte mich dermaßen, dass ich beinahe in Tränen ausbrach. In jedem Mann, sei er noch so maskulin, steckt wohl ein weicher Kern, und so zollte das Publikum, gleich ob männlich oder weiblich, der Darbietung begeisterten Applaus, als sich der Vorhang zum letzten mal senkte. Das kollektive Klatschen wurde jedoch bald rhythmisch, und von allen Rängen dröhnte es im absoluten Gleichklang, der kein Abweichen von der Norm zuließ. Wieder erfasste mich ein Schaudern, das jedoch nicht köstlich, sondern kalt war. Ich sah, wie Ali neben mir würdig und verhalten klatschte und sich dem kollektiven Ritual des Gleichschritts entzog.

Der rauschende Applaus verlor nur langsam an Energie. Endlich löste sich der Gleichklang auf, um erneut aufzuflammen, als die Darsteller zum dritten und letzten auf der Bühne erschienen und sich verbeugten. Dann war kein Halten mehr, nur noch wenige klatschten in den allgemeinen Aufbruch hinein. Mit geröteten Gesichtern und glänzenden Augen stürzte die Masse der Zuschauer zur Garderobe, um möglichst bald dem Gedränge zu entkommen.

Ali und ich blieben hingegen im gegenseitigen stummen Einverständnis sitzen. Ich hatte es nicht eilig, wieder in meine Wohnung zu kommen, wo nur eine andere allnächtliche akustische Vorstellung auf mich wartete. Hinter dem Vorhang wurde schon die Dekoration für die nächste Vorstellung geräuschvoll wiederhergerichtet, als Ali und ich uns erhoben und wie zwei alte Männer zum Ausgang gingen. Ali hatte nichts von seiner würdevollen Erscheinung verloren, als wir uns vor dem Theater voneinander verabschiedeten.

„Ein schönes Stück", sagte Ali schwach, „es erinnert mich an indische Spielfilme."

Ich machte eine wegwerfende Geste. Gewiss konnte man von einer Provinzbühne kaum etwas anderes erwarten als das, was die Massen im Fernsehen konsumierten und zu sehen verlangten.

„Aber eine reizende Schöne", sagte ich.

„Es steht geschrieben: Du sollst einer schönen Frau Blumen schenken", meinte Ali. Ich errötete. Er hatte mich auf eine Idee gebracht. Ich hatte es sehr eilig mich zu verabschieden.

War es möglich, dass Mann und Frau auf Dauer harmonisch zusammen leben konnten? Aus meiner Nachbarwohnung tönte eine andere Botschaft, als ich auf meinem Bett lag und in die Dunkelheit starrte. Ich wollte es wagen und eine Frau für mich gewinnen. In meinem Plan kamen Blumensträuße und viele Theaterbesuche vor. Die Schöne würde alsbald erkennen müssen, dass ich lauteren Herzens zunächst nur ein Lächeln von ihr begehrte. Das weitere würde sich finden.

Sechs Tage später stand ich an der Theaterkasse an, um eine Platzkarte für die erste Reihe im Parkett zu erstehen. Eine gelockte Grauhaarige musterte mich streng durch ihre Brille.

„Sind Sie arbeitslos?"

Ich schüttelte den Kopf.

„Sozialhilfeempfänger?"

Offensichtlich bedurfte meine Garderobe einer dringenden Überholung, doch ich antwortete: „Ich bin berufstätig."

„Schade, sonst hätten Sie die Karte zum halben Preis bekommen."

Ich bezahlte das Billet schweigend und innerlich an meiner eigenen Dummheit kauend. Ich schwor mir, mit meinen Ressourcen in Zukunft ökonomischer umzugehen. Es war schließlich noch nicht abzusehen, wie viele Theaterbesuche für mein persönliches Glück nötig waren.

Aller Tod und Gestank der Arbeitswoche waren vergessen, als ich abends in der ersten Reihe des Theaters saß und sich der Vorhang für den ersten Akt hob. Da waren dieselben Bühnendekorationen wie eine Woche zuvor, welche vorgaben, eine andere Welt zu sein, als sie von mir wie von allen anderen im Publikum Tag für Tag erlebt wurde. Meine Beine zitterten, als der Auftritt der Schönen nahte. Endlich stand sie auf der Bühne, zart und jungfräulich, und bot sich den lüsternen Blicken der betuchten und befrackten Herren in den Logen dar. Ich gönnte den geilen alten Männern das Schauspiel nicht. Die Schöne war einzig mir vorbehalten. Ganz sicher waren wir füreinander bestimmt. Kein Gedanke kam mir, sie könnte einen anderen Liebhaber haben oder gar verheiratet sein. In meiner verschwitzten Hand hielt ich einen kleinen Strauß bunter Blumen, den ich der Schönen nach der Aufführung als galanter Verehrer in ihrer Garderobe zu übergeben gedachte. Es war einmal eine Schöne, die eine Bestie zu heiraten hatte, doch sie wollte eher sterben, als von dem Getier entjungfert zu werden. Es war einmal eine Schöne, die von einem Schlachthausgehilfen geliebt wurde, und sie wartete nur darauf, von dem Fleischergesellen in eine kalbende Kuh verwandelt zu werden. So dachte ich, als sich endlich der Vorhang senkte und brausender Applaus einsetzte.

Ich will über den üblichen kollektiven Wahnsinn nicht schreiben, der bald mit rhythmischem Klatschen einsetzte. Ungeduldig wartete ich das Ende des Applauses ab. Endlich war das Theater nahezu leer, so dass ich mich auf die Bühne stahl und nach einer Tür suchte, die mich zu der Schönen führen konnte. Beobachten Sie mich, wie ich errötend den Spuren der Angebeteten folgte. Folgen Sie mir auf dem Weg durch verschlungene Gänge und über steile Treppen. Ich bahnte mir den Weg an vorbeihastenden Bühnenarbeitern vorbei, in deren Vogelhirnen wahrscheinlich nur der Wunsch nach einem lässigen Bier zum Feierabend brannte. Dann erhob sich vor mir plötzlich ein riesenhaftes Monster, in dem ich erst nach einem Moment der Sammlung die Bestie aus dem Stück erkannte.

„Was haben Sie hier zu suchen?" fragte das Monster, worauf ich antwortete:

„Ich möchte zu der Hauptdarstellerin."

„Soso, du willst also zu...", und er nannte einen Namen, der mir fremd war. Auf seinem Gesicht spiegelte sich Spott, als er den Blumenstrauß in meiner Hand sah, der mir plötzlich irrsinnig groß vorkam.

„Das Zimmer der Hauptdarstellerin ist genau hier." Er wies auf eine Tür unmittelbar zur Linken. „Und hier hat nur Theaterpersonal Zutritt. Aber ich will nicht so streng sein. Gib mir den Strauß, ich werde ihn für dich weiterreichen."

Damit hatte er mir die Blumen schon entrissen. Mir versagte vor Enttäuschung die Stimme, so dass ich nur stumm den Kopf schüttelte, als die Bestie ungeduldig wurde:

„Ist noch etwas?"

Ich hob mich davon, kehrte jedoch um, als die Bestie in dem Zimmer der Schönen verschwunden war. Ich lauschte an der Tür und vernahm ein freundliches Murmeln der Bestie, auf das die Schöne mit glasklarer Stimme antwortete:

„Danke, wie reizend von dir. Dabei war die Premiere doch schon vor zwei Wochen."

Ein heimlicher Beobachter hätte gesehen, wie mein Gesicht vor ohnmächtiger Wut purpurn anschwoll. Ich hatte einen Konkurrenten. Die Theaterillusion war zerplatzt wie eine Kaugummiblase.

Eine Putzfrau bemerkte, wie ich denselben Weg zurück nahm, den ich gekommen war, um über den Zuschauerraum zum Ausgang zu verschwinden. Vor dem Theaterportal empfing mich ein frühherbstlicher Nieselregen, der mir von gelegentlichen Böen ins Gesicht geschlagen wurde. Der Asphalt glänzte verschwommen unter den Scheinwerfern der Autos, die ihre Besitzer heim fuhren. Verwunderte Passanten sahen mich leise Verwünschungen ausstoßend auf meinem Weg durch den Regen, der sich zum Wolkenbruch entwickelte. Groteske Bewegungen meiner Arme hielten andere Fußgänger auf Distanz.

Ich war ein lächerlicher Mensch, eine Witzfigur, die man ohne Reue missbrauchen konnte. Ich bin es noch heute, aber meine Zelle bietet mir den nötigen Schutz vor meinen gefährlichen Wünschen. Meine Schulkameraden hatten recht gehabt. Ich war Rumpelstilzchen, ein namenloser kleiner Mensch, ein unwürdiger Zwerg. Das Hässliche hatte in diesem Land keinen Platz. Im besten Falle wurde es ignoriert. Die Schönen und Skrupellosen waren über meine Missgestalt erhaben. Man hatte mir einen Platz in der Kloake zugewiesen. Ich gehörte zur namenlosen Masse, die vom Glück träumt und es nie erlangt.

Es war scheinbar ein wunderlicher Zufall, dass Ali auf der Treppe vor meiner Wohnungstür auf mich wartete. Es war kein Zufall.

„Sag nichts, ich weiß alles."

Ein Tropfen spielte an meiner Nasenspitze, um auf das Treppengeländer zu fallen, doch ich verwischte ihn mit meinem Jackenärmel zu einer farblosen Schleimspur.

„Komm rein."

Eine billige Lampe erhellte die Szene, in der Ali und ich uns gegenüber saßen.

„So leicht lässt du dich entmutigen?"

„Du hast keine Ahnung, wie bestialisch die Bestie ist."

„Das zeigt nur, dass sie die Schöne nicht verdient."

„Wahrscheinlich ist die Bestie in Wahrheit auch schön."

„Äußerlich."

„Schau mich an. Ich selbst sehe aus wie eine bösartige Märchenfigur."

„Bestie Mensch, na und?"

Wir prüften stumm unsere Blicke. Dann sagte ich: „Ich würde mich umbringen, wenn ich sie im Tod haben könnte."

„Du meinst, so wie Quasimodo, der seine tote Esmeralda umarmt. Irgendwann kommt ein Archäologe oder ein Kanalarbeiter an euren Skeletten vorbei, macht eine unvorsichtige Bewegung, und schon zerfällt ihr beide zu Staub. Das ist wirklich äußerst romantisch, aber auch sehr naiv. Dein Staub hat nichts davon, wenn er sich mit dem von der Schönen vereinigt. Irgendwann kommt ein Hochwasser und spült euch beide zur nächsten Kläranlage. Wahrscheinlich landet ihr beide als Schlick im Faulturm zusammen mit einigen Dutzend anderen toten Liebespaaren."

„Du bist gemein."

„Warum wartest du nicht einfach, bis die Bestie über ihre eigenen Fallstricke strauchelt? In der Zwischenzeit musst du aber versuchen, die Schöne auf dich aufmerksam zu machen."

„Oh ja, ich könnte mich für die Rolle von Zwergnase bewerben."

„Die Idee ist gar nicht so schlecht."

Ali schaute zur Decke, als habe er gerade eine Eingebung erhalten.

„Gar nicht so schlecht. Nicht schlecht."

Mir war Alis Idee einerlei. Der Abend war gründlich verdorben, zumal meine Nachbarin wieder zu einem ihrer großen Soloauftritte anhob. Ich schickte Ali fort und überließ mich dem Selbstmitleid. Es stellte sich heraus, dass ich über keine Alkoholvorräte verfügte, und längst lagen die Lebensmittelgeschäfte im nächtlichen Dunkel. Ich wälzte mich darum auf meinem Bett fortwährend von der linken Seite auf die rechte und wieder zurück, da mir das Schlafen auf dem Rücken - ich stellte mir immer vor, wie ich dabei wohl mit offenem Mund schnarchte - zuwider war. Mal erboste ich mich wegen Alis Unverschämtheit, mir die Rolle von Zwergnase zuzuschreiben, dann wütete ich wieder ohnmächtig gegen die dreiste Bestie, die sich frech zwischen mich und die Schöne stellte.

Morpheus weigerte sich lange, mich in seine Arme zu nehmen, und als ich endlich Ruhe fand, träumte ich atavistische Fantasien von Zweikampf und Ehre, Sieg oder Niederlage, wobei ich wiederholt von dem Dolch der Bestie zerfleischt noch mit meinem letzten Atem nach dem Untier hieb, das sich jedoch stets auf rätselhafte Weise verflüchtigte und meinem Degen entkam, um an anderer Stelle Gestalt anzunehmen. Es war merkwürdig, dass die Schöne in meinem Traum nicht vorkam. Ich vermutete nur ihre Nähe zu dem tödlichen Ringen, ohne zu wissen, hinter welchem Nebel sie sich verbarg.

Am vorläufigen Ziel

Der erste Herbststurm des Jahres rüttelte an meinem Dachfenster, als das Sirren meines Weckers mich von den nächtlichen Alpträumen erlöste. Alltag kann schön sein, wenn man durch allzu viele Hormone überreizt nur noch Begierde ist und das Wunderwerk des eigenen Körpers mit seinen banalen Funktionen und Bedürfnissen nicht mehr spürt. Wohltätig wehte mir der Sturm den Gestank aus der Waschküche in die Nase, als ich mich an einer Herde geschorener Schafe, die auf ihre Hinrichtung warteten, vorbei und weiter durch das Labyrinth zu meinem Kessel drängte.

Man kann niemandem zumuten, noch einmal eine Szene in der Waschküche mit mir und Ali als Hauptdarsteller zu lesen. Es sei ein anderer Tag, an dem ich vor dem Theater stand und die Leute, die bald Publikum sein würden, bei ihrem Eintreten mit heimlichem Neid beobachtete. Ich würde wohl nicht Zwergnase spielen, hierfür war meine Nase zu klein, aber ich würde mich als Praktikant oder Handlanger beim Theaterdirektor vorstellen, der mir großzügig versprach, ich dürfe nach meiner Arbeit im Schlachthaus im Theater aushelfen, hier und dort Kulissen und Requisiten tragen, natürlich ohne eine Bezahlung erwarten zu dürfen. Dafür seien die finanziellen Mittel des Theaters zu begrenzt.

„Aber wir freuen uns über jede helfende Hand in solchen Zeiten, in denen das Schauspiel nur dank spärlich tropfender Infusionen des Staates überleben kann."

Ich spürte eine weiche feuchte Masse in meiner Hand, als wir uns voneinander verabschiedeten. Wahrscheinlich musste der Händedruck eines Künstlers wie eines Theaterdirektors sehr feminin sein, so wie ein Fleischer einem die Hand zu drücken hat, als wolle er sie einem gleich zur Faust geballt ins Gesicht schleudern.

Meine einsamen Abende waren Vergangenheit. Fortan schleppte ich nach meinem Dienst im Schlachthaus Bühnendekorationen und Garderoben von einem Ende des Theatergebäudes zum anderen, um sie nach der Vorstellung wieder zurückzutragen. Die Tätigkeit eines Theaterpraktikanten erschien mir wenig sinnvoll, aber es kam wohl nur darauf an, hinter den Kulissen geschäftiges Treiben vorzutäuschen und so zu tun, als sei die Theaterwelt ein summender Bienenstock, in dem es von fleißigen Leuten aufgeregt wimmelte. Man wurde schließlich subventioniert und hatte für den staatlichen Zuschuss etwas zu bieten. Dabei war Qualität völlig unerheblich. Der Erfolg eines Stückes bemaß sich an seiner Beliebtheit bei der lokalen Presse und beim Publikum, das zuweilen in Form von Busreisegesellschaften aus den umliegenden Dörfern den schönen Schein beklatschte.

Das Jahr bedeckte sich mit langen dunklen Nächten. Der ungezogene November benahm sich nicht den Erwartungen entsprechend und verhielt sich weder stürmisch noch neblig, sondern prahlte mit lauen Temperaturen und ließ die Menschen in den Eiscafés ein letztes Aufblühen des Sommers feiern.

Man sah und hörte viel Erstaunliches von den Menschen im Osten. Das Ende der DDR schien nahe. Man war jedoch auch beunruhigt wegen des revolutionären Treibens, denn Revolutionen sind den braven Spießbürgern zuwider. Die Meinungen gingen auseinander. Die nationale Fraktion, die in meiner Heimat weitaus in der Überzahl war, ließ das bald einige Vaterland hochleben, während eine schwache Minderheit von weitsichtigen Menschen sich nur für das nahe Ende des kalten Krieges interessierte und die Abschaffung der kategorischen Denkblockaden herbeisehnte.

Der November hatte schließlich ein Einsehen und wurde endlich schmutzig und regnerisch. Gleichzeitig öffneten sich die Schleusen an der Grenze und entließen einen Platzregen von Trabanten, aus denen kindlich johlend unsere Verwandten winkten. Plötzlich hatte man wieder Onkel und Nichte im Osten.

An seltenen Tagen ruft einem die Welt als nacktes Mädchen verkleidet zu: „Hallo! Willkommen", und dabei schwenkt sie ihren Tirolerhut übermütig über ihrem Kopf. Mir war, als zwinkerte mir die Weihnachtsbeleuchtung in den Straßen mit einer vor Altersschwäche flackernden Glühbirne zu. Ich war gemeint.

Man hatte mir im Schlachthaus am Tag zuvor bedeutet, ich habe gefälligst meinen Resturlaub anzutreten. In jenen Tagen herrschte Flaute auf dem Markt für Rinderhälften. Die Konjunktur des Fleischergewerbes war mäßig, da eine neue Seuche um sich griff, die vornehmlich unsere wiederkäuenden Freunde befiel. Man befürchtete aber ein Übergreifen auf menschliche Fleischfresser. Die lokale Boulevardpresse, die sonst stets Partei für Blut und heimischen Boden ergriff, schürte die Angst vor einer kollektiven tödlich endenden Verblödung, und bekanntlich ist dem Menschen nichts unangenehmer, als für dumm oder wahnsinnig gehalten zu werden.

Mir war es gleich. Vor mir lagen drei Wochen Ferien von der Schinderei im Schlachthaus. Gleichwohl wollte ich nicht untätig bleiben, sondern weiterhin Abend für Abend im Theater arbeiten. Ich schlenderte durch die Gassen der Innenstadt und ließ mich vom Strom der Menschen treiben, die vom Kaufrausch besessen von Geschäft zu Geschäft eilten, da das große Fest bevorstand. In einer Zeit, in der alle Warenhauslautsprecher von ewiger Liebe sangen, sollte es mir doch möglich sein, die Gunst der Schönen zu erringen. In den vergangenen Wochen war sie mir ein flatterhaftes Irrlicht gewesen, das mir gelegentlich erschien, wenn ich gerade unter einer mittelalterlichen Häuserkulisse keuchte. Nun wollte ich eine Stunde früher als sonst im

Theater auftauchen und vor der Garderobe auf eine Gelegenheit zu einem mutigen Flirt lauern.

Etwas anderes begegnete mir jedoch auf dem Weg zum Theater. Ein jäher Schrecken trieb mir kalten Schweiß aus allen Poren. Es konnte kein Irrtum sein: Die hagere hochgewachsene Gestalt, die vor mir in die Straße einbog und sich beinahe wie im Stechschritt mit graden Beinen ihren Weg durch hektisch trippelnde Ehefrauen von erfolgreichen Geschäftsmännern bahnte, war die Dürre. Mit eckigen Bewegungen ihrer Ellenbogen schuf sie sich Raum für ihre ausholenden Schritte. Zudem mochten ihre Adlernase und ihr vorspringendes Kinn andere Passanten beeindrucken und erschrocken Platz für die alttestamentarische Erscheinung machen lassen.

Angst durchzuckte gewitterartig meine Gehirnwindungen. War die Dürre gekommen, um mich in der Stadt zu suchen und in die verhasste Heimat zurückzubringen? War sie eine Abgesandte der Welt meiner Kindheit? Ebenso war es möglich, dass sie aus eigenem Antrieb mich, den verschollenen Geglaubten, den Abtrünnigen, suchte, um mich aus der schrillen Stadt in die in braunen Pastelltönen gezeichnete Provinz zu entführen. Ich bangte um meine Freiheit, denn wer wollte diese resolute Frau, die ihre Artgenossinnen erbarmungslos in den Rinnstein drängte, daran hindern, mich gefangen zu nehmen und meinem Richter, einem Standesbeamten oder einem zur Eheschließung befugten Geistlichen zuzuführen. Bei genauem Betrachten der zackigen Gestalt konnte man auf den Gedanken kommen, sie trüge unter ihrem Rock ein Paar Handschellen, weniger um verbotener sexueller Praktiken willen, sondern mehr, um ihres Amtes als Exekutive dieser Erzählung zu walten.

Ich kürze meine Spekulationen ab, um mich wieder meinen hormongetriebenen Wünschen zuzuwenden, die mich umkehren und dem Theater vehement zustreben ließen. Dort waren Giebel und Säulen vor dem pompösen Eingang, der abends die einströmenden Zuschauermengen in das weniger beeindruckende Innere des Gebäudes eintrichterte, nun aber nur von einem jungen Liebespärchen und einer älteren Dame mit Kleinkind gesprenkelt war. Im Foyer schlug mir trockene Heizungsluft entgegen. Es war gegen die Regeln, dass ich wie ein weltmännischer Besucher zur Garderobe ging, um meine Winterjacke abzugeben. Im nächsten Moment kam ich mir vom Schutz der Jacke entblößt sehr wenig erwachsen vor. Ich wünschte mir eine dritte Hosentasche, in die ich gelegentlich mit einer Hand aus einer der anderen beiden Gesäßtaschen wechseln konnte. Es blieb mir nur übrig, ein wenig auf den Zehen zu wippen. Ich verwarf den Gedanken, dabei ein Lied zu pfeifen, es wäre zu offensichtlich gewesen, dass ich mit unerlaubten Absichten viel zu früh zur Arbeit erschienen war. Was hatte ich hier unbeladen mit Ornament zu suchen! Ich konnte nicht verhindern, dass eine verräterische Röte mein Gesicht überzog, und ich verfluchte innerlich die Staatskasse, die in der Adventszeit so generös die Heizungsrechnung des Theaters bezahlte.

Es verging eine Stunde, in der ich begann, möglichst unauffällig ein paar Schritte von einer Säule zur nächsten zu gehen, um nach ein paar Minuten zur vormaligen zurückzukehren. Man kennt das: Trotz der Anspannung aller Sinne und großer Erwartungsfreude wäre man überrumpelt, wenn plötzlich die Begehrte hochherrschaftlich in das Foyer rauschte und in ihrem Schlepptau eine ganze Eskorte von Dienern und Gepäckträgern mit sich schleifte.

Es war anders. Die Schöne stand plötzlich wenige Schritte von mir entfernt an der Garderobe, um ein paar Worte mit der Garderobenfrau zu wechseln. Ich erkannte die Schöne erst bei näherer gedankenverlorener Betrachtung, denn in einem grünen Parka kam ihre Figur schlecht zur

Geltung, und ungeschminkt wirkte ihr winterlich bleiches Gesicht wie eine Totenmaske, aus der zwei seelenlose Augen schauten. Die Vorweihnachtszeit mit ihren stundentötenden Aufführungen der Weihnachtsgeschichte war nicht spurlos an der Schönen vorübergegangen. Vielleicht litt sie auch unter schlaflosen Nächten, nach denen sie sich schwach aus zerrauften Bettlaken erhob. In jedem Fall es war eine Enttäuschung, die Angebetete so fade und grau zu ihrem Umkleideraum gehen zu sehen. Ich folgte ihr nicht, sondern ging einen anderen Weg hinter die Kulissen, wo rohe Balken und Latten die bunte Welt der Bühne knarrend zu stützen hatten.

„Was ist mit dir?" fragte mich am selben Abend Ali, als er mich in meiner Wohnung besuchte.

„Ich habe heute zwei Erscheinungen gehabt."

„Beide müssen monströs gewesen sein."

„Die erste ja, die zweite war nur..."

„Ernüchternd? Vielleicht gehen wir einfach ein paar Biere trinken und feiern deinen Urlaub."

Da ich darauf nicht antwortete, verdrehte Ali die Augen und seufzte: „Sie hat dir einen Korb gegeben. Du bist natürlich der erste Mann, dem das jemals passiert ist, und alle Welt sieht verächtlich auf deinen Jammer herab."

„Nein, das war es nicht."

Ali wartete geduldig auf eine Erläuterung, die ich nach einigen Augenblicken herauspresste: „Sie ist gar nicht schön."

„Lieber Himmel, woher willst du wissen, ob sie nicht schön ist. Du hast ja noch nicht ein einziges vernünftiges Wort mit ihr geredet. Du meinst, sie ist nicht hübsch genug. Dann, mein Lieber, musst du zurück in die Pension und dich etwas intensiver mit deiner ehemaligen Nachbarin unterhalten. Lass mal sehen, ob du dafür auch genug Geld hast. Ja, das dürfte reichen für etwas Schönheit. Allerdings würde ich es nicht zu wild treiben, sonst würde der schöne Schein darunter leiden. Du bist nicht besser als die geilen alten Männer auf der Galerie, die der Schönen Abend für Abend in den Ausschnitt gaffen und sich bei jedem Rockschwung lüstern die Lippen lecken."

Ali redete sich in Rage.

„Was glaubst du eigentlich? Meinst du, dass die perfekte Frau nur für dich reserviert sei? Nein, dich interessieren nur wogende Busen und Beine in Nylons. Du weißt nicht, was schön ist."

„Weißt du es?"

„Ja. Ich werde es dir zeigen, wenn du mit ihr geschlafen hast. Ich denke, ich brauche gar kein Bier. Ich nehme mir nur einen Schluck Wasser, und dann gehe ich."

In die Stille nach Alis Weggang fiel das abendliche Kammerkonzert der Nachbarin. Es war nicht einfach, mich bei der rhapsodischen Begleitmusik zu sammeln und eine Strategie zu entwerfen. Ich wollte Ali beweisen, dass ich beileibe kein sexsüchtiges Tier war, dem es nur auf die Befriedigung seiner Triebe ankam. Ich war in meiner Vorstellung ein Mensch, edel und gut, nur erwiesen sich meine bisherigen Avancen als wenig hilfreich für die Erreichung meiner Ziele. Gewiss war ich am Nachmittag im Theater keiner Täuschung erlegen, aber die Schöne bedurfte in meiner Fantasie nur eines kokettierenden Augenaufschlags, um wieder als Ikone vor meinem geistigen Auge zu leuchten.

Mir blieben drei Wochen bis zum Jahreswechsel, um die Stelle der Bestie als Liebhaber der Schönen einzunehmen. Kein Gedanke kam mir, dass die Schöne noch weitere Verehrer haben könnte, die sich abwechselnd ihrer erfreuten. Ich war so unschuldig, dass ich naiv an die Lauterkeit ihres Charakters glaubte. Ein Plan sollte her, der mich in die ständige Nähe der Schönen bugsierte, so dass sie mich einfach nicht mehr übersehen konnte.

Zum anderen machte mir das Erscheinen der Dürren Sorgen. War sie mir als Abgesandte des Dorfes auf die Spur gekommen und nachgereist? War sie aus eigenem Antrieb in der Stadt erschienen? Ein Zufall war ebenfalls nicht auszuschließen, doch allein ihre Gegenwart in der Stadt war unheimlich. Ich wollte partout nicht zurück in die Heimat, zumal die Dürre auch noch andere Absichten haben mochte, die mir wiederum kalten Schweiß auf die Stirn trieben.

Der nächste Morgen sah mich im Zimmer des Theaterdirektors seine kautschukartige Hand drücken.

„So, sie möchten also freiwillig jeden Abend den Garderobentrakt putzen?"

Verwundert zuckte er mit den Augenbrauen, aber er brauchte nicht lange zu überlegen, um meine Bitte zu gewähren.

„Ausgezeichnet! Sie dürfen zusätzlich auch die Bühne und den Zuschauerraum reinigen, wenn Sie soviel Wert darauf legen. Auf diese Weise sparen wir vielleicht ein paar Stunden beim Reinigungsdienst ein. Junger Mann, ihr Engagement berührt mich zutiefst. Die Theaterwelt braucht solche selbstlosen Knappen wie Sie. Sie können gleich heute mit Ihrer neuen Tätigkeit beginnen."

Eine erneute Berührung mit der schweißigen Gummihand und eine wohlwollende Geste entließen mich in das Vorzimmer, von dort in die Gänge des Theaters und weiter auf die Straße, wo mir die Welt wieder einmal fröhlich zuzwinkerte: „Willkommen im Verein der Liebenden!"

Ich verfolgte die abendliche Theatervorstellung aus einer verborgenen Nische hinter den Kulissen. Ich war einsatzbereit und stützte mein Kinn auf einen Besenstiel, der in einem Eimer stak. Die Handlung um den Geizhals war wenig aufregend, dafür umso belehrender. Anscheinend entsprach das vollkommen dem Geschmack des Publikums, das an den vorgegebenen Stellen lachte oder klatschte. Die Vorweihnachtszeit weckte moralische Empfindungen auch in den stumpfsinnigsten Gemütern; hier gut, dort böse, es fiel nicht schwer, die richtige Wahl zu treffen bei so kategorischen Unterschieden. Das Böse musste zum Guten erzogen werden, oder es würde von der Erde vertilgt und in den siebten Kreis der Hölle verdammt werden. Es gehörte sich, dass das Gute am Ende triumphierte, und das Gute wurde natürlich durch die Schöne verkörpert, die an diesem Abend in einem hauchzarten Engelskostüm spielte.

„Alles bereit für den letzten Vorhang!" durchschnitt ein scharfer Befehl die Idylle. Das bedeutete für mich, mit Wischer und Mob den Bühnenbrettern zu Leibe zu rücken, sobald der letzte idiotische Zuschauer gegangen sein würde. Anschließend würde ich mich durch die leeren Zuschauerreihen mit einem Staubsauger vorarbeiten, und erst danach, wenn die Fassade aufpoliert sein würde, durfte ich im Garderobentrakt fegen und wischen und meiner Geliebten nahe sein.

Ermüdet und mit trockener Kehle stand ich schließlich vor den Garderoben der Schauspieler und tat so, als wischte ich eifrig die Hinterlassenschaften verstaubter Kostüme in meinen Eimer. In Wahrheit polierte ich dieselbe Stelle schon bald eine viertel Stunde lang und sah immer wieder verstohlen zu der Tür, hinter der sich die Eine entkleidete, sich wahrscheinlich gerade die Seidenstrümpfe in Zeitlupe von den Beinen streifte und den Goldstaub von den köstlichen Wangen wischte. Dann mochte sie sich die langen braunen Haare von der Engelsperücke befreien, die Haarpracht lösen und schütteln und sich endlich in eine farblose Person verwandeln. Ich schluckte. Man vernahm von Zeit zu Zeit ein Rascheln wie von bauschigem Taft eines kostbaren Kostüms, und meine Imagination spielte mir verbotene Fantasien vor. Gelegentlich eilten andere Bedienstete, Bühnenarbeiter und hirnlose Lampenträger an mir vorüber, ohne Notiz von mir zu nehmen. Das war gut so, meine Tarnung funktionierte offensichtlich, nur die Überschwemmung zu meinen Füssen verriet, dass ich bisher nur vor der Tür der Angebeteten gewischt hatte.

Da öffnete sich ihre Tür. Ein Trommelwirbel hätte erklingen mögen. Sie trat heraus - sichtlich erheitert und mit glasigem Blick. Es war nicht schwer, zu erahnen, dass sie sich in der Verschlossenheit ihrer Garderobe ein Quantum Hochprozentiges gegönnt hatte, zumal selbst meine hartgesottene Nase ihre Alkoholfahne roch.

„Was bist denn du für einer? Du siehst so aus, als ob du noch nie eine Frau gesehen hättest."

Lautlos lachte sie überwältigt von ihrem eigenen Scherz. Aus meinem Mund löste sich nur ein leises Stöhnen. Dann fasste ich mich, und wieder Sekunden später empfand ich Mitleid mit diesem traurigen Mädchen, das von allen vergöttert ebenso einsam sein mochte wie ich.

„Hast du mal Feuer, Kleiner?"

Auf alles war ich vorbereitet, doch als notorischer Nichtraucher konnte ich nur verneinen.

„Dann eben nicht", lallte sie, „hoffentlich hast du wenigstens ein Auto. Ich fürchte nämlich, dass ich nicht mehr ganz fahrtüchtig bin."

„Ich rufe Ihnen ein Taxi", sagte ich hastig, „bleiben Sie nur hier stehen. Ich bin gleich wieder hier."

Undeutlich hörte ich, wie sie zu meinem davon stürzenden Rücken murmelte: „Braver Junge."

Ich hastete zum nächsten Münztelefon, um hektisch unzählige Seiten eines zerfledderten Telefonbuches umzublättern. Der erste Telefonanschluss erwies sich als stillgelegt, was angesichts des zehn Jahre alten Telefonbuches nicht verwunderlich war. Endlich hatte ich ein

Taxi bestellt und eilte zurück zur Betrunkenen, die ich leise vor sich hin singend und mit dem Rücken an die Wand gelehnt vorfand.

„Komm in meine Arme, Süßer!" rief sie und streckte sie mir entgegen. An diesem Abend hätte sie jeder haben können. Das war die lang ersehnte Gelegenheit, aber der greifbar nahe Erfolg schmeckte auf einmal schal und fade. Aber ich hatte mir mein eigenes Versprechen zu erfüllen, und so legte ich ihren Arm auf meine Schulter und geleitete sie schleifend und stützend nach draußen. Dort war kein Taxi zu sehen. Darum lehnte ich die Schöne an ein Straßenschild ‚Parken verboten!'. Ich schaute alle zehn Sekunden auf meine Uhr. Zum Glück erübrigte es sich, ein Gespräch mit der Schönen beginnen zu wollen. Der Alkohol hatte mittlerweile seine ganze beglückende Wirkung entfaltet, und ich fragte mich, ob ich nicht besser einen Krankenwagen rufen sollte, bevor sie ins Delirium fiel.

Bittere Minuten voller Sorge und Enttäuschung wollten nicht verstreichen, bis endlich das Taxi schwungvoll vorfuhr und ein im Wesentlichen aus Kaugummi kauendem Unterkiefer bestehender Taxifahrer nuschelte: „Am besten, du kommst auch mit. Ich habe keine Lust, mein Taxi nachher alleine sauber zu machen. Plastiktüte findest du hinter dem Beifahrersitz."

Es gelang dem Unterkiefer und mir mit vereintem Rütteln, aus der Schönen ihre Adresse herauszubringen. Wir bugsierten die Schöne hinter den Fahrersitz und schnallten ihren Körper, der wie ein Sack immer wieder zur Seite kippen wollte, ohne Rücksicht auf etwaige blaue Flecken fest.

Eine albtraumhafte Fahrt an die Peripherie der Großstadt begann. In jeder Linkskurve schlug mir der Kopf der Schönen an die Schulter und ihre Locken verstopften mir den Mund. Die Schöne hatte indes begonnen, leise mit offenem Mund zu schnarchen. Ich beneidete sie insgeheim um ihre Bewusstlosigkeit.

Die Wohnung der Schönen lag in einer modernen Straßenschlucht aus Glas und Beton. Der Unterkiefer ließ zum Abschied eine Kaugummibase zerplatzen und hinterließ mit seinem Taxi eine Rußwolke, nachdem ich die Rechnung beglichen hatte. Die nächste Schwierigkeit bestand darin, der Schönen ihren Wohnungsschlüssel zu entlocken. Sie war offensichtlich sehr kitzelig und erwachte zu neuem Leben, als ich in ihren Parkataschen wühlte und schließlich hemmungslos meine Finger in ihre Hosentaschen gleiten ließ.

„Du bist aber ein Stürmischer", gluckste sie und tätschelte meinen Hintern. Ich sandte ein Stoßgebet zum Himmel, dass uns niemand in der Dunkelheit beobachten möge. Ich stellte mir vor, dass man mich auf der Polizeiwache fragte: „Was trieben Sie zu nächtlicher Stunde unverschämt mit dieser Frau mitten auf der Straße?" Der Staatsanwalt würde für mich lebenslange Haft fordern, und eine Gerichtsdienerin, es würde die Dürre sein, würde mich mit verkniffenen Lippen in meine Zelle führen, die sie bis zu meinem Tode mit vorwurfsvollem Blick und regelmäßig kopfschüttelnd bewachen würde.

Ich warf diese Vorstellung von mir, öffnete die Haustür und führte eine kichernde Schöne zwei Treppen hinauf zu ihrer Wohnung. Meine Begleiterin war zwar noch immer sternhagelvoll, aber sie besaß genug Orientierung, um Licht zu machen und zum Bad zu finden, wo sie sich hinter verschlossener Tür geräuschvoll aus verschiedenen Körperöffnungen entleerte.

Jetzt sei der Moment, flüsterte mir ein imaginärer Ali von hinten ins Ohr, als ich verlegen im Flur stand und der Toilettenspülung lauschte. Ich solle sie mir nehmen, sie würde ohnedies keine Erinnerung mehr an diese Nacht haben. Nur ein Dummkopf würde sich diese Chance entgehen lassen. Ich war ein Dummkopf. Mir war auch die Lust vergangen, und ich sehnte mich nach einem Stück Normalität in Form einer Tirade meiner Nachbarin oder eines zuckenden Stückes Schweinedarm.

Das Gesicht der Schönen hatte wie ein Tintenfisch seine Farbe gewechselt und war grün, als sie aus dem Bad trat. Sie wolle nur noch schlafen, nur noch schlafen, murmelte sie. Dann wankte sie in ihr Schlafzimmer und fiel mit dem Gesicht nach unten auf das Bett. Ich zog ihr die Stiefel aus und warf den Parka über ihren Rücken. Dann wollte ich für immer gehen, aber mein Pflichtbewusstsein hielt mich zurück, und so setzte ich mich in einen Sessel im Wohnzimmer und wartete auf das Ende der Nacht.

Im Dunkel des Zimmers nahmen die Gegenstände um mich herum ein Eigenleben an. Die Stehleuchte, der Fernseher, die Stereoanlage wurden von einem matten Schimmer von der Straße beschienen und durften ihren täglichen Dienst ruhen lassen. Gelegentlich drang das Geräusch rollender Autoreifen vom Asphalt durch das geschlossene Fenster. Einige Straßenlaternen ersetzten den Mond und die Sterne, wofür ich sehr dankbar war, denn es gab mir das Gefühl, alles sei wie immer und in keiner Weise romantisch und traumatisch.

Der Morgen ließ sich Zeit zu kommen. Es war ungefähr acht Uhr, als die Welt wieder grau wurde. Der neue Tag begrüßte mich mit einem Schneeschauer. Mein Blick verlor sich in den wirbelnden Flocken, als ich plötzlich bemerkte, dass ich von der an den Türrahmen gelehnten Schönen beobachtet wurde.

„Ich hoffe, du warst heute Nacht artig. Ich habe nämlich überhaupt keine Erinnerung an den letzten Abend."

Sie musterte mich aus dunkel umrandeten Augen.

„Offensichtlich bist du stumm. Na schön, du kannst wenigstens Kaffee machen, während ich jetzt im Bad verschwinde."

Dankbar für eine Aufgabe machte ich mich daran, das Frühstück zu bereiten. Die Küche war wunderbar aufgeräumt, so dass ich keine Schwierigkeiten hatte, etwas Brot, Marmelade, Milch und Kaffee auf den Tisch zu zaubern.

„Du bist der Dicke, der ständig etwas an mir vorbeischleppt, wenn ich zur Bühne muss", sagte sie mir unverblümt ins Gesicht, als wir uns beim Frühstück gegenüber saßen.

„Immerhin bist du ziemlich kräftig."

Sie schien etwas zu überlegen, während mir aus Verlegenheit nur einfiel dümmlich auszusehen.

„Ich sag dir was: Wenn du es schaffst, in der nächsten viertel Stunde ein Wort herauszubringen, können wir ins Geschäft kommen", schlug sie vor.

Mir fiel nach Momenten der Suche nach einer Floskel nur ein: „Ich bewundere Ihre Kunst."

Sie wurde unvermittelt von einem lautlosen Lachanfall geschüttelt. Wieder änderte sich ihre Gesichtsfarbe in ein blühendes Rot.

„Du bist aber ein Süßer", keuchte sie schließlich. Dann wurde sie auf einmal ernst: „Die meisten bewundern nur meinen Körper."

„Ja, ich weiß."

Sie schluckte einen Bissen herunter.

„Du bist doch nicht etwa verliebt in mich?"

Wieder lachte sie lautlos.

„Ich wette, du bist noch jungfräulich. Das lässt sich aber schnell ändern."

Sie leckte sich etwas Marmelade von der Oberlippe und stützte wie ein freches Mädchen ihren vorgestreckten Kopf auf ihren Arm.

„Du siehst nicht so aus, als ob du heute noch etwas vorhast – abgesehen von deiner Arbeit beim Theater. Wie viel zahlen sie dir für die Plackerei. Ja, das dachte ich mir. Unser Direktor ist zwar sehr nett, aber er könnte ohne viel Verstellung den Geizigen spielen. Molière, du verstehst. Nun gut, hier kommt mein Angebot: Du sollst in den nächsten zwei Wochen meinen Liebhaber spielen. Dabei tun wir beide in der Öffentlichkeit so, als seien wir ein unzertrennliches Liebespaar. Du musst natürlich auch bei mir wohnen. Dafür zahle ich dir, sagen wir...", und sie nannte eine Summe, die meinem Gehalt im Schlachthaus entsprach.

Ich war sprachlos. Alle meine Wünsche wurden wahr. Ich realisierte nicht die versteckte Prostitution, die sich hinter dem Angebot verbarg, da ich doch ohnedies freiwillig der Liebhaber der Schönen sein würde. Sie musste meine Freude bemerkt haben, als ich sofort zusagte.

„Hand darauf", sagte sie, „und jetzt zeige ich dir, was einen guten Liebhaber ausmacht. Den Abwasch kannst du später machen."

Sie werden nun sicherlich ein paar pikante Details unserer Liebe erwarten. Ich werde jedoch darüber schweigen. Es gehört sich nicht, in einer ordentlichen Erzählung wie dieser, erotische Begebenheiten preiszugeben. Immerhin ließ ich bisher stumpfsinnige Soldaten aufmarschieren, und Schlachtgehilfen durften patriotische Parolen aufsagen. Der sogenannte Anstand muss gewahrt werden. Ich möchte nur ganz unter uns sagen: Es war schön, und damit müssen Sie sich begnügen. Schmutzige Romane können Sie am Kiosk für wenig Geld erstehen.

Ich beginne wieder damit, mich in der Küche erschöpft von der Liebe das Geschirr waschen zu lassen. Währenddessen verbrachte meine Geliebte ihre Zeit damit, sich im Badezimmer die Spuren der letzten Nacht weg zu schminken und wieder die Schöne zu werden, die vermeintlich lauter und rein für das ahnungslose Publikum den Engel spielen sollte.

Ich war sprachlos, als sie einem Chamäleon gleich verwandelt in der Küche erschien und mir eine Kusshand zuwarf.

„Wie heißt du eigentlich?" fragte sie. „Das ist allerdings kein besonders fantasievoller Name. Ich nenne dich einfach Dicker. Dafür nennst du mich..."

„...Schöne."

„Du darfst dich nicht zu sehr in mich verlieben. Unser Vertrag gilt nur bis Silvester. Und nun aufgepasst, Dicker! Wir gehen zusammen ein paar elegante Klamotten für dich kaufen. Wie sollen die Leute sonst glauben, dass ich Gefallen an dir gefunden hätte. Keine Angst, die Rechnung bezahle ich."

Das Leben kann beginnen

Momente des Glücks sind im Gefängnis selten. Es gibt keine Frauen in dieser Anstalt, wenn man von den pornographischen Fotografien an den Spinttüren der Insassen einmal absieht. Vielleicht ist es kein Unglück, dass dem Gefängnis eine Hälfte der Welt fehlt. Es ist eine Halbwelt, die dennoch autark funktioniert und die angetrieben wird von der Aussicht, sich nach der Entlassung mit der anderen Hälfte wieder zu vereinigen. Die meisten Häftlinge lassen sich von der Aussicht auf eine sogenannte Freiheit leiten, welche sich in ihrer Vorstellung im Geschlechtsakt manifestiert.

Mein Zellennachbar ist zu der Einsicht gelangt, dass der Mord an seiner Familie ein Greuel war, eine Erkenntnis, welche ihn auf dem steinigen Weg der Selbsterkenntnis eine hübsche Strecke voran gebracht hat. Seine nächtlichen Alpträume sind jedoch eher ein Relikt aus einer vergangenen Lebensphase des familiären Leides als ein Ausdruck der Reue. Er hat geliebt, geheiratet, Kinder gezeugt und ernährt und sich somit einbinden lassen in die Pflichten und Zwänge, die ihm aus seiner Rolle als Ehemann und Vater erwachsen sind. Liebe ist a priori nicht gleichzusetzen mit Unfreiheit, aber zarte Bande verführen uns, ein Gesellschaftsspiel zu spielen, dessen Regeln von anderen bestimmt werden. Mutter Natur sorgt mit einer kräftigen Dosis Testosteron dafür, dass wir uns immer wieder in neue Abhängigkeiten begeben.

Das Gefängnis war meine Rettung. Das habe ich aus meiner Geschichte gelernt, deren Faden ich nun wieder aufnehme und weiter durch das Labyrinth der Handlung hinter mir her ziehe.

Wir sahen uns über den Esszimmertisch hinweg an.

„Meine Schöne."

„Mein Dicker."

Es war ziemlich romantisch. Leise erklang von draußen die Melodie des rauschenden Straßenverkehrs, und die Kaffeemaschine fauchte dazu in der Küche einen Tusch, der unsere Liebe besiegelte. Starker Stahlbeton verhinderte das Hinzutreten anderer Stimmen aus den Nachbarwohnungen. Wir waren ganz allein mit unserem jungen Glück.

„Ich muss erst am Nachmittag zur Probe. Du darfst uns ein Taxi bestellen. Wir werden uns hübsch machen für die anderen. Vor allem brauchen wir einen Anzug für dich, der deine Figur ein wenig ansehnlicher macht. Ehrlich gesagt bist fast schon fett", sagte sie in beleidigender Weise, „ aber so stark, so stark."

Ein anderer Kiefer, vielleicht ein hasenschartiger Oberkiefer, würde uns in die Innenstadt fahren und uns im Rückspiegel zusehen, wie wir uns im Fond des Taxis verliebt die Hände hielten. Dabei würde er verständnisvoll seine prominenten Zähne blecken und eine Träne auf seiner pockennarbigen Wange zerdrücken.

Zwei Herzen im Zentrum der Großstadt. Aus meinen Augen sprühte wohl eine irrsinnige Freude am neuen Dasein als Liebhaber, so dass uns die Passanten verwundert nachblickten. Es mag ein wenig bizarr gewirkt haben, wie die elegante Gestalt der Schönen neben meinen runden Proportionen durch die Fußgängerzone schritt. Vielleicht hielt man es für einen geschmackvollen Kontrast, denn die Blicke waren keineswegs spöttisch oder feindselig. Mir war, als ginge nun die freundliche Welt in Verkleidung des nackten Mädchens neben mir an meiner Hand, und ein berauschendes Gefühl von Besitzerstolz und Macht ergriff mich.

Wir betraten gemeinsam verschiedene Boutiquen und prüften Herrenanzüge in seltenen Konfektionsgrößen. Die Schöne schwankte zwischen Nadelstreifen und schlichtem Schwarz, ich tendierte hingegen zu dem heimatlichen Braun meiner Jugend. Wir einigten uns auf einen geschäftsmenschlichen Einreiher in schlichtem Grau, der mich an Alis

Aufzug im Theater erinnerte, sich jedoch in Fülle und Hosenlänge deutlich von seinem Vorbild unterschied.

„Nimm diese Krawatte, Liebster", und sie hielt mir eine rosa Tüllkrawatte vor, die in der Tat dem neuen Anzug eine erfrischend originelle Note verleihen würde. Der Verkäufer runzelte bedenklich die Stirn, und ich wiegte zunächst skeptisch wegen der gewagten Farbe meinen Kopf, doch dann sagte ich mir, dass aus der Schönen die Künstlerin sprach, und ich verließ mich vollkommen auf ihren Geschmack.

„Wir nehmen beides", entschied sie und ihr schweifender Blick fand schließlich noch einen Zylinderhut im Schaufenster, der dekorativen Zwecken diente und kein Verkaufsobjekt war.

„Und den Zylinder nehmen wir auch", sagte sie resolut, so dass der Verkäufer nur resignierend nickte und die Sachen für uns einpackte.

„Nein, du ziehst die Sachen sofort an. Die Tüte nehmen wir für die alten Sachen."

Wieder fügte sich der Verkäufer und ging mit dem Anzug zur Kasse voran. Es machte mir nichts aus, dass die Hose ein wenig zu lang war und sich unmerklich im Schritt ausbeulte. Ich war bescheiden und dankbar für das Kostüm, das mich auf eine Stufe mit der Schönen stellen würde. Erstmals war es ein Vorteil, dass meine Ohren abstanden und mir die Hutkrempe darum nicht die Sicht nahm. So konnte ich wieder auf der Straße angelangt sehen, wie die Aufmerksamkeit der anderen Fußgänger noch gestiegen war. Scharfrichter oder Zirkusdirektor, egal wie ich aussah, ich genoss die neue Popularität. Ich nahm kaum wahr, dass hinter uns rotznäsige Jugendliche sich anstießen, kicherten und freche Grimassen schnitten.

„Wir müssen uns den Menschen zeigen", sagte die Schöne und zog mich zu einem Café, das für meinen Geschmack zu luxuriös und teuer war, aber die Schöne würde alles bezahlen.

Ihr Aussehen war zauberhaft, als wir uns an einem Fenstertisch gegenüber saßen. Ich vergaß vollkommen, dass sie Schauspielerin war und die Szene vielleicht nur als Show für unser Publikum gedacht war.

„Meinst du nicht, ich könnte den Hut einmal absetzen?"

„Keinesfalls, mein Lieber. Du bist ab jetzt Liebhaber einer Künstlerin und als solcher selbst ein Künstler. Das trägt man so in unserem Metier."

Sie überlegte einen Moment.

„Vielleicht solltest du den Hut auch heute Nacht im Bett tragen."

Ich willigte in die Clownerie ein und schaute unter dem Trum bedeutsam aus dem Fenster.

„Ich muss jetzt zur Probe, und du geleitest mich zum Theater."

Dort angelangt gab sie mir spielerisch einen Kuss und stieg ihren reizenden Hintern wiegend die Stufen zum Eingang hinauf. Ich durfte sie am Abend wieder abholen und sollte auf jeden Fall mit Anzug und Zylinder vor ihrer Garderobe erscheinen. Mir war unklar, wie ich solchermaßen verkleidet vorher für die Vorstellung Kulissen schleppen sollte, aber das Problem ließ sich durch einen kurzen Besuch beim Theaterdirektor lösen.

„Wie, Sie wollen uns im Stich lassen?"

Er schnäuzte seine Nase.

„Mein lieber Knoop, Harms, oder wie auch immer Sie heißen mögen, wie stellen Sie sich das vor? Wie soll ich bis heute Abend Ersatz für Sie finden? Ach, die Verantwortungslosigkeit der Jugend. Nun gut, gehen Sie Ihrer Wege. Sie können jederzeit wiederkommen, wenn Sie Ihren Sinn geändert haben sollten. Gutes Fachpersonal findet man selten."

Ich fand, dass er mit dem Fachpersonal ein wenig übertrieb, war aber dankbar dafür, dass ich weiterhin freien Zugang zum Garderobentrakt haben sollte. Mir stellte sich nun die Frage, wie ich die Zeit bis zum Abend verbringen sollte. Zum ersten mal seit langem packte mich Langeweile, da ich mich am Ziel meiner Wünsche angelangt sah. Meine Lage war jedoch keineswegs unkompliziert, denn einerseits musste ich mich als Liebhaber der Schönen in der Öffentlichkeit zeigen – das verlangte mein Vertrag mit ihr. Andererseits musste ich mich vor der Abgesandten meiner Vergangenheit, der Dürren, versteckt halten. Bei der Wahl zwischen Scylla und Charybdis entschied ich mich für die sichere Variante und begab mich zu Fuß auf versteckten Nebenstraßen in meine Mansardenwohnung. Dabei hielt ich den Zylinder wohlweißlich hinter meinem Rücken verborgen. Ich war und bin ein lächerlicher Mensch, dessen peinliche Erscheinung durch den eleganten Aufzug nur unterstrichen wurde. Doch manchmal gehen auch die Träume der Spottfiguren in Erfüllung.

Ein Bier oder zwei vertrieben mir den kurzen Wintertag. Schlachthaus ade! Ich würde Ali gelegentlich in meiner Wohnung empfangen. Er hatte recht gehabt. Ein wenig Ausdauer und Glück hatten mir den größten denkbaren Erfolg in der Damenwelt beschert. Die Bestie war besiegt und sollte ihre Wunden lecken. Ich machte mir keine Gedanken über die Zeit nach Silvester. Man würde eine Lösung finden, die darin bestehen konnte, dass ich dauerhaft der Liebhaber der Schönen sein würde. Finanzielle Details ließen sich regeln. Ich sah mich schon als bezahlten Angestellten des Theaters. Der zunehmende Alkoholpegel ließ mich die letzten Worte des Theaterdirektors immer wieder in Erinnerung rufen. Der selige Rausch des Verliebten war ein Vademekum, das meine natürliche Fantasie beflügelte.

Tag, neige dich zur Dämmerung. Früher Abend werde Nacht. Ich stand in Anzug und Zylinder vor der Garderobentür der Schönen, deren Maske als Weihnachtsengel gerade abgeschminkt wurde.

„Da bist du ja, mein Dicker", lallte die Schöne, als ich die Wartezeit vertreibend vor ihrer Tür auf und ab ging. Das gedunsene Gesicht kam mir vom vorigen Abend her bekannt vor. Das war also der Preis für mein Glück. Offenbar war die Schöne regelmäßigem, exzessivem Alkoholkonsum nicht abhold. Statt kotiger Schweindärme sollte ich fortan Taxisitze von Erbrochenem reinigen. Wohlan, in nüchternen Momenten würde ich wieder obenauf sitzen und reiten.

Wir fuhren durch das nächtliche Gewitter der Autoscheinwerfer und Ampeln. Die Stadt zog geisterhaft an uns vorbei. Schemenhaft rasten auch die folgenden Tage an mir vorüber. Es wurde zur Gewohnheit, die Schöne wie ein treuer Hund zu begleiten, mal als Sanitäter, der die Alkoholvergiftete betreute, mal als zur Schau gestellter Liebhaber. Lassen Sie mich nicht verschweigen, dass ich daneben meinen Liebespflichten gerecht wurde. Taxifahrt reihte sich an Taxifahrt, und Liebesakte folgten im 24-Stunden-Takt der Vormittage aufeinander. Im Zeitraffer wurde es Heiligabend, Kerzen brannten im Eiltempo an den Christbäumen nieder, und Weihnachtslieder wurden in Sekundenschnelle abgesungen, so dass nur ein kurzes Grunzen zu vernehmen sei.

Am ersten Weihnachtstag trafen sich die Schauspieler zu einem gemeinsamen Frühstück. Ich sollte in diesem Jahr in den erlauchten Kreis der städtischen Berühmtheiten aufgenommen werden. Mir ist von diesem Treffen nichts Wesentliches in Erinnerung geblieben. Gelassen nahm man mich zur Kenntnis, ohne viel Aufheben wurde ich wie ein alter Bekannter von allen geduzt. Einzig der starre Blick der Bestie verfolgte mich noch tagelang wie ein zorniges göttliches Auge in meinen

Alpträumen. Die Schöne schien die versteckte Wut ihres ehemaligen Geliebten zu genießen. Es war ihr sichtlich Genugtuung, die Bestie mit meiner Gegenwart zu demütigen.

Man macht sich keine Vorstellung davon, wie banal die privaten Gespräche derer sind, die sonst Abend für Abend Shakespeare oder Brecht auf der Bühne rezitieren.

„Hast du schon das neue Modell von O...?"

„...ein Traum von einem Kostüm..."

„...und stell dir vor, er hat sie von hinten..."

„...manchmal könnte ich ihn..."

„...diese taube Nuss..."

„...Geizhals..."

„...selbst..."

„...ermorden..."

Die Gesprächsfragmente verdichteten sich zu einer wahnsinnigen Vision, so dass ich in der nächsten Nacht schweißgebadet aufwachte. Was tatest du, Nichtswürdiger? Du vergingst dich an der verbotenen Frucht. Du legtest deine Lumpen ab und gingest in prunkvollen Gewändern. Fort mit dir, aus meinem Auge, fort, fort...

Gehen Sie zurück auf Los

Der Jahreswechsel sollte von allen Schauspielern und anderen Theaterangestellten zünftig gefeiert werden. Nach der letzten Vorstellung des alten Jahres wollte man sich in den Katakomben des Theaters zusammenfinden und in einer orgiastischen Party alle Triumphe und Pleiten der Saison bis zum totalen Gedächtnisverlust begießen. Das war der Plan. Ich fand die Schöne am Silvesterabend vor der letzten Vorstellung des Weihnachtsmärchens ungewöhnlich aufgeregt, als stünde ihr nicht der Abgesang des alten Jahres, sondern eine großartige Premiere bevor.

„Bin ich schön genug?"

Nervös nestelte sie an Ösen und Haken ihres Engelskostüms, in dem sie nicht nur die abendliche Vorstellung bestreiten, sondern in dem sie auch zur Silvesterparty erscheinen wollte. Gott weiß, wer sie auf diese Idee gebracht haben mochte, mir war es einerlei, solange die Schöne nicht durch eine Alkoholvergiftung entstellt wurde.

Der Vorhang ging auf, schloss sich zur Pause, in der dem galanten Publikum neben Sekt allerlei Köstlichkeiten gereicht wurden, öffnete sich abermals zum letzten Akt, um sich nach tosendem Applaus zum letzten mal zu bedecken. Die Aufregung der Schönen stand ihr gut.

„Setz deinen Zylinder auf, Dicker", befahl sie mir, „und reiche mir deine Hand. Nicht so, du zerquetschst mir ja sämtliche Finger."

Es hätte ein Trommelwirbel erklingen mögen, als ich mit der Schönen auf der Party erschien. Man war mit dem Alkoholkonsum noch nicht allzu weit fortgeschritten und unterhielt sich zivilisiert in kleinen Gruppen. Flüstern und lautes Brüllen, wieherndes Lachen und Aufheulen, alle Klangfarben der menschlichen Stimme vereinigten sich mit dem Rhythmus einer im Partyrausch sonst unhörbaren Musik zu einem Klangteppich, aus dem nur gelegentlich Wortfetzen deutlich zu vernehmen waren.

Ich blieb nüchtern genug, um die Peinlichkeit der Situation zu bemerken, als ich am Arm der Schönen von ihr herumgezeigt wurde wie ein Schoßhündchen im Ballettkostüm.

Alkohol und sonstige Drogen lösten die Zungen der Anwesenden, die immer zügelloser über ihre liebsten Kollegen tratschten, den Theaterdirektor verfluchten, das Publikum verlachten und über die eigene Misere des schlechtbezahlten Künstlers klagten, so dass das Kellergewölbe machtvoll dröhnte von dem vielfältigen Jammern der Theaterwelt.

Die Beleuchtung, die aus gittergeschützten Kellerleuchten bestand, erzitterte unter den Vibrationen der Menschenmenge, flackerte gelegentlich unregelmäßig und erlosch plötzlich vollständig. Ein von schrillen weiblichen Stimmen dominierter Aufschrei ging durch die dunklen Gänge, wandelte sich jedoch in erleichterten Jubel, als das Licht wieder anging und ein lauter Gong ertönte, der das neue Jahr einläutete.

In den Momenten der Dunkelheit hatte sich die Hand der Schönen aus meiner gelöst, und verdutzt stand ich Sekunden später alleingelassen in der Menschenmenge. Ich begriff nicht. Hatte ich nicht die geilen Blicke gesehen, die die Bestie und die Schöne gewechselt hatten? Nun fand ich die beiden nach minutenlanger Suche durch das Gedränge schwitzender Leiber zusammenstehend und auf das neue Jahr anstoßend. Sie sah verzückt zu ihm auf. Ohrenbetäubender Lärm machte es mir unmöglich, ihr Gespräch zu hören, doch ich las von den Lippen des alten und neuen Liebespaares.

„Was willst du mit dem dicken Clown? Er ist deiner nicht würdig. Komm zurück zu mir. Wir fangen noch einmal von vorne an."

„Und was ist mit deiner letzten Affäre? Und der vorletzten und der davor?"

„Es wird nicht wieder vorkommen. Wir hatten doch viel Spaß zusammen. Ich denke nur noch an dich - und an diesen albernen Dicken, der dir in den letzten Wochen wie ein Hund nicht von der Seite gewichen ist. Was ist er? Was hat er?"

„Oh, er ist sehr stark. Er hat sehr kräftige Arme."

„Und wenn ich dich jetzt in meine Arme nehme? So?"

Schrill erklang das Lachen der Schönen über dem Chor der Theaterleute. Ein Kuss besiegelte die Wiedervereinigung des Liebespaares und meinen Untergang. Mir war, als redeten alle anderen plötzlich nur noch lautlos, oder ihr Geplapper wurde von einem anschwellenden Tinitus übertönt. Ich erlebte das sinnlose Treiben um mich herum in sich verlangsamender Zeitlupe. Das Gekeife und Gekicher der Frauen, das Gebrüll und Gelächter der Männer wurde zu dem dumpfen Echo in einer Höhle, aus dem ich immer wieder herauszuhören vermeinte: Was ist er? Was hat er?

All meine Sinne waren auf die Schöne und die Bestie gerichtet, so dass das Treiben um mich herum mich nicht mehr berührte. Schließlich bemerkte mich die Schöne und kam auf mich zu.

„Komm mit", brüllte sie mir ins Ohr.

Ich folgte ihr wie betäubt und willenlos hinauf in ihre Garderobe. Sie ergriff als erste das Wort.

„Unser Vertrag ist beendet", sagte sie bestimmt, „hier ist wie verabredet das Geld, das ich dir schulde."

Sie entnahm ein Bündel Scheine, das offensichtlich schon zuvor abgezählt worden war, ihrem Portemonnaie und hielt es mir hin.

„Sei kein Dummkopf, und nimm das Geld. Es gehört dir."

Sie wedelte mit dem Bündel herum, nahm meine Hand und drückte mir das Geld hinein. Die Situation war ihr ebenso peinlich wie mir, doch in anderer Weise. Sie fasste sich jedoch und wurde wieder ganz Schauspielerin.

„Wir hatten einen Vertrag, und der ist seit Mitternacht beendet. Ich weiß gar nicht, warum ich mich so lange mit dir hier aufhalte. Schau mich nicht so an. Es ist alles ganz legitim."

Und sie nahm meinen Vorwurf vorweg: „Ich habe dir nie etwas vorgespielt. Ich war nie in dich verliebt, das weißt du. Du allein hast dir aus irgendeinem Grund Illusionen gemacht, nur du allein. Du, du, nur du allein."

Die Leier kam mir bekannt vor. Es war der Refrain meiner Nachbarin, der großartigen Solosängerin, die mir Abend für Abend das Lied der Tausend vorgesungen hatte, die ewige alte Schallplatte von abgenutzter Liebe und Enttäuschung, die uns seit ungeahnten Zeiten in den Ohren schrillt. Wirklich war die Stimme der Schönen wie verwandelt und klingelte mir in den Ohren. Ich blieb stumm. In einer Atempause ihres Monologes wandte ich mich langsam um. Ich öffnete die Garderobentür und stand endlich vor dem Theaterportal, das ich nie wieder durchschreiten würde.

Ich weiß nicht mehr, wie ich in meine Mansardenwohnung kam. Am Neujahrsmorgen lag ich bäuchlings auf meinem Bett und stützte mein Kinn auf meine gefalteten Hände. Mein Alkoholkonsum hatte sich in Grenzen gehalten, und ich hatte darum körperlich nicht viel auszustehen. Ich fühlte mich dennoch leer und ausgeweidet wie ein totes Stück Schlachtvieh. Der Plan der Schönen war aufgegangen. Für ein paar Scheine war sie wieder die Geliebte der Bestie. Ein anderes Ziel war ihr nie in den Sinn gekommen.

Das Haus schlief seinen Rausch aus. Gelegentlich brauste ein Auto über die nasse Straße. Über den Dächern kreisten ein paar Krähen. Manchmal quietschten in der Nachbarwohnung Bettfedern, wenn meine Nachbarn sich in ihren Betten wälzten. Eine Taube gurrte vor meinem Fenster und flog wieder fort. Schneeflocken lösten sich aus tiefen Wolken und wurden am Boden zu Matsch. Ein paar Kinder warfen Kracher auf den Bürgersteig. Der Schnee ging in Regen über. Nebenan gähnte mein Nachbar.

Mein Weltuntergang war gewöhnlich. Meine persönlichen Kalamitäten kümmerten niemanden. Die Welt, das nackte Mädchen, hatte sich in eine fette Matrone verwandelt. Ich wollte mit ihr nichts mehr zu tun haben. Das Geld der Schönen würde ein paar Wochen reichen, und schließlich hatte ich noch meine Arbeit im Schlachthof. Der grassierende Rinderwahnsinn würde irgendwann ein Ende haben, und ich konnte bald wieder am Kessel stehen und stumpf Gedärme reinigen, eine Tätigkeit, die offensichtlich meiner Befähigung und meinem Aussehen entsprach und in der ich Vergessen zu finden hoffte.

Gestern hat sich im Gefängnis ein ganz normaler Selbstmordversuch ereignet. Der Narr, der sich wegen einer Frau das Leben nehmen wollte, tat es auf herkömmliche Weise, indem er sich mit einem Laken am Wasserhahn erhängte. Natürlich war der Versuch zum Scheitern verurteilt, da sein Zellengenosse von dem Röcheln des Selbstmörders wach wurde und ihn von seinem Laken befreite. Dazu war nicht einmal viel Kraft notwendig, da der Selbstmörder schon halb betäubt war und keinen Widerstand mehr leisten konnte.

Selbstmordversuche sind nicht selten im Gefängnis, und oft ist eine gescheiterte Beziehung oder Ehe der Grund für den Suizid. Manchmal verbirgt sich hinter einem vorgetäuschten Selbstmord ein handfester Mord, doch solche Geschichten gehören in das Milieu. Man lebt als jemand, der nicht unter die Kategorie Raubmord, Erpressung oder ähnliches fällt, einigermaßen gemütlich im Gefängnis und frei von den Pflichten und Zwängen einer Partnerschaft. Man ist niemandem mehr Rechenschaft schuldig. Natürlich ist man in seinen Bewegungen und in seinem Tagesablauf reglementiert, und gelegentlich drücken die Repressalien der Gefängnismafia. Doch es bleibt genügend Zeit, den eigenen Gedanken freien Lauf zu lassen. Die bedauernswerten Toren, die an einer gescheiterten Beziehung verzweifeln, erkennen nicht, dass auch in äußerer Freiheit ihre Liebe innerhalb absehbarer Zeit dem Ende geweiht ist.

Mein Zellennachbar ist ebenfalls in latenter Selbstmordgefahr, und ich frage mich, was ihn bisher davon abgehalten hat, sich einen Strick um den Hals zu legen, oder sich mit ein paar Glasscherben die Pulsadern aufzuschneiden. Wir saßen heute Morgen beisammen und schwiegen uns an.

Ich war wieder im Schlachthaus und wusch Schweinedärme. Ali hatte nicht nach dem Ausgang meiner Liebschaft gefragt. Ein Blick auf meine bleiche Visage hatte ihm genügt, um herauszufinden, dass ich glorreich gescheitert war. Ich wusste seine Diskretion zu schätzen und vertiefte mich vollkommen in meine Arbeit, reinigte besonders gewissenhaft die Darmzotten und den Dickdarm, widmete mich mit Inbrunst dem Dünndarm, gar nicht zu reden vom untersten Darmstück, dem A und O, dem Eingang und Ausgang. Noch niemand besang das Glück, den Anus eines Schweins zu putzen, und so möge dies der erste Lobpreis sein auf die stille Konzentration aller Sinne, den schleimigen Kot aus den Innereien zu pressen und in den Abfluss zu spülen, auf die geheime Freude, weil selbst der zermürbendste Seelenschmerz durch unglaublichen Gestank betäubt wird und alles Sein sich nur noch auf reflexartige Zuckungen des vegetativen Nervensystems beschränkt.

Die tägliche Schweinerei erhielt mich am Leben, wenngleich Ihnen das pervers vorkommen mag. Meine Psyche ist von robuster Natur, doch der plötzliche Schlag der Schönen hatte mein Gefühlsleben in eine extreme Schieflage versetzt, in der alles möglich war.

Ali verzichtete darauf, mich nach Feierabend auf eine seiner abendlichen Unternehmungen einzuladen. Unsere tägliche Konversation beschränkte sich auf das Notwendigste, doch er blieb stets freundlich und rücksichtsvoll, nie wich das Lächeln, das in keiner Weise schadenfroh war, von seinen Lippen, wenn wir uns unterhielten.

Der Winter hielt sich zäh bis in den März. Man veranstaltete die ersten freien Wahlen jenseits der ehemaligen Grenze, und das feiste Grinsen des westdeutschen Kanzlers blätterte schon wieder von den Plakatstellwänden, als der lange Zug der Trabanten in den Westen allmählich verebbte und der Frühling zaghaft seine Vorboten in die Großstadt sandte. Ich vermisste die heimatliche Landwirtschaft keineswegs, hatte ich doch in meinem Schlachthaus hinreichend Ersatz an süßen, wohlbekannten Düften. Die Arbeitstage vergingen in Bedeutungslosigkeit und wurden nur abgelöst von kurzen Wochenenden voller Langeweile. Andernorts arbeiteten jedoch Kräfte an meinem Schicksal. Sie hielten sich noch im Verborgenen.

Die Falle schnappt zu

Es wäre nicht illegitim, wenn ich nun die Erzählung einfach beenden würde und die Handlung sich verlieren ließe in ewiger Wiederholung des Schlachthaus-Blues. Ein Abschluss an dieser Stelle wäre allerdings sehr abrupt und würde die Ursachen meines Gefängnisaufenthaltes für immer verbergen. Mir wäre die Moral meiner Geschichte auch zu einfach. Eine andere Fiktion soll fortführen, was in diesem Buch schon gesponnen wurde. Eine Wende in der Handlung muss her, um noch einige Seiten zu füllen.

Es soll geschehen, dass ich an einem Abend müde die Treppe zu meiner Wohnung hinaufstieg und den Wohnungsschlüssel schon aus meiner Jackentasche hervorgesucht hatte. Ich war im Begriff, die Tür zu öffnen, als ich gewahr wurde, wie sich hinter mir jemand räusperte.

„Nicht erschrecken, ich bin es", sagte eine Stimme in tiefem Alt. Ich erkannte in ihr die Stimme der Dürren, die mich endlich gefunden hatte. Ich starrte mit aufgerissenen Augen in das Halbdunkel des Treppenabsatzes. Es gab keinen Zweifel, das waren die eckigen Glieder, das lange Gesicht und die Hasenzähne, die neben den viel zu großen Füßen ein prominentes Merkmal der Dürren waren. Sie stellte sich dicht vor mich und sah aus großer Höhe gelassen auf mich herab.

„Kann ich mit hineinkommen?" fragte sie. Es war unentschieden, wer von uns beiden stärker war. Ich war wohl kräftig gebaut, doch ein Ringkampf mit einer Frau, die mich um anderthalb Köpfe überragte, hätte keinen gewissen Ausgang gehabt, und so nickte ich verstört und ließ uns beide in meine Mansardenwohnung eintreten. Ihre Knie ragten in einem unmöglichen Winkel nach oben, als sie auf meinem Bett saß, während ich meine Beine von einem Stuhl baumeln ließ.

„Möchtest du mir etwas zu trinken anbieten? Ich habe einen langen Weg hinter mir."

Ich gab ihr ein Glas Wasser, das sie achtlos in ihrer rechten Hand schwenkte, als habe sie der Durst plötzlich verlassen. Sie blickte scheinbar gedankenverloren aus dem Fenster und fuhr dann plötzlich fort: „Deine Mutter lässt dich grüßen. Sie vermisst dich sehr, ihren einzigen Sohn. Der einfach von zu hause fortgelaufen ist wie ein kleiner dummer Junge."

Dabei wirkte sie keineswegs streng, sondern spöttisch. Mir ging durch den Kopf, dass es einen bestimmten Grund geben musste, wenn meine Mutter mich tatsächlich vermisste. Dieser Grund konnte nicht Mutterliebe sein.

„Wie geht es meinem Vater?"

Sie ging auf meine Frage nicht ein. Mein Vater war scheinbar Nebensache.

„Ich will dir eine Geschichte erzählen von einer großen Liebe, die tragisch endete." Dabei suchte sie etwas in meinen Augen, von dem ich nicht weiß, was es war. Mich beschlich nur eine Ahnung. Wollte sie mir von ihrer Kinderliebe zu mir erzählen und mit mir abrechnen? War sie als dramatische Figur, als großartige Rächerin, erschienen?

„Aber es kann noch alles gut werden", sagte sie und nahm einen Schluck Wasser.

Ich ließ sie einfach erzählen und gebe hier wieder, was sie mir aus meiner Heimat berichtete. Es ging zum Glück nicht um die Dürre und mich, sondern zu meinem Erstaunen um meine Jugendliebe Bertha.

Sie hatte den Klotz geheiratet, das war nach den Jahren, die sie ein Paar gebildet hatten, beinahe eine zwangsläufige Entwicklung. Es war eine rauschende Hochzeit gewesen mit allen Dorfbewohnern. Es war viel getanzt, getrunken und gelacht worden. Ich konnte mir lebhaft vorstellen, wie die ohnehin niveaulose Unterhaltung bei steigendem Alkoholpegel immer dümmer geworden und schließlich in Lallen, Grunzen und unkontrolliertem Schreien versunken war. Das war eine Konstante bei einem Dorffest zwischen Geest und Marsch, wo sonst über das ganze Jahr selbst Sonne und Mond gelangweilt ihre alltäglichen Bahnen am Himmel zogen. Der Klotz hatte also den Sieg davongetragen, obwohl es nie zu einem ernsthaften Wettkampf zwischen ihm und anderen Bewerbern um Berthas Gunst gekommen war. Berthas zarter Schwanenhals war für jeden jungen Dorfbewohner eine verlockende Beute gewesen. Man hatte den Klotz, der jedes Zuprosten erwidert hatte, nach dem Fest in sein Hochzeitsbett tragen müssen. Die Dürre ließ offen, ob die Ehe noch in derselben Nacht vollzogen worden war, ich tendiere jedoch zu einem klaren nein. Gleichviel, nach einigen Kopfschmerztabletten war es am nächsten Tag auf eine Hochzeitsreise in die Karibik gegangen. Die Dürre konnte nur wiedergeben, was einige Postkarten von den Antillen erzählt hatten, das war sehr wenig. Bertha war zwar sehr hübsch, aber im Schreiben eine Versagerin, und der Klotz war in der Schule nicht nur durch seine namensgebende Erscheinung, sondern auch durch kolossale geistige Beschränktheit aufgefallen, so dass von beiden keine epischen Briefe zu erwarten gewesen waren. Es waren jedoch anscheinend glückliche Tage gewesen, in denen sich Bertha und der Klotz dem hingegeben hatten, was sie zur Vollkommenheit beherrschten: Völlerei und Sex.

Man hatte sie nach drei Wochen sonnengebräunt ins Dorf zurückkehren gesehen, der Klotz hatte merklich gealtert gewirkt. Nun hatte sein Schicksal, welches das eines jeden Bauern war, seinen Lauf genommen zwischen Saat und Ernte, Füttern und Melken, das Land bewirtschaften und Äcker fruchtbar machen. Auch in anderer Hinsicht hatte der Klotz scheinbar fruchtbare Arbeit geleistet. Man hatte sich bald erzählt, Bertha sei schwanger geworden, da sie an Leibesfülle stark zugenommen hatte. Doch das hatte zunächst wenig zu besagen, da der Klotz ebenfalls immer massiger geworden war und die beiden das Leben in vollen Zügen genossen hatten.

Es war in einer zweisamen Nacht nach einem arbeitsreichen Tag geschehen, dass der Klotz auf dem Höhepunkt des Geschlechtsaktes sehr zu Berthas Missfallen gestorben war. Er war einfach über ihr zusammengesackt. Sie hatte Mühe gehabt, sich von den Massen zu befreien, war jedoch anschließend sehr geistesgegenwärtig gewesen und hatte sich nicht damit aufgehalten, einen Krankenwagen zu rufen. An den verdrehten Augen und dem blau angelaufenen Gesicht hatte sie sofort erkannt: Der Klotz war tot. Und so hatte sie umgehend einen Leichenbestatter verständigt, der in weiser Voraussicht mit vier Gehilfen erschienen war. Bertha hatte für alle Herbeigeeilten sichtbar geheult, als die Leiche unter dem Ach und Weh der Gehilfen zum Leichenwagen getragen worden war. Eine große Liebe war tragisch zu Ende gegangen.

Die Dürre hielt in ihrer Erzählung ein und versuchte wieder, in meinen Augen zu lesen. Offensichtlich erwartete sie von mir eine emotionale Regung, sei es Erschütterung wegen des Hinscheidens von Berthas Geliebten, oder sei es Freude über neue bis dahin ungeahnte Möglichkeiten, meine Jugendliebe zu freien. Ich war jedoch viel zu müde, um mich in irgendeiner Weise zu erregen.

„Bertha ist jetzt ganz allein auf der Welt." Wieder machte die Dürre eine Pause.

„Man sagt, sie sei schwanger." Sie atmete scharf ein.

„Wie soll sie nun alleine den Hof bewirtschaften? Wer soll für sie und ihr Kind sorgen?"

Ich erwiderte nichts und sah nun meinerseits aus dem Fenster.

„Du bist entweder ziemlich dämlich oder..."

„Oder?"

„Lassen wir das. Besonders empfindsam warst du noch nie."

Diese Behauptung schmeckte mir wie eine saure Zitrone.

„Was erwartest du? Soll ich reumütig ins Dorf zurückkehren und um Berthas Hand anhalten? Ich habe mir hier eine neue Existenz aufgebaut. Ich habe gute Freunde in der Stadt."

„Eine Existenz als Schlachtgehilfe? Ein kleiner dürrer Inder als Freund?" Sie war gut informiert.

„Ein dürrer Inder?" fragte ich.

Ihr Gesicht überzog sich mit einer dunklen Röte.

„Heirate sie. Nimm sie dir, du Idiot", konnte sie vor verhaltener Wut nur flüsternd hervor pressen.

„Ich will es mir überlegen."

„Hier ist Berthas Telefonnummer. Rufe sie einfach an."

„Warum kommt sie nicht selbst? Kann ich sie nicht persönlich sprechen?"

„Das ist keine gute Idee", schnappte die Dürre, „rufe Sie an. Und jetzt gehe ich."

Sie wirkte gigantisch, als sie vor mir stand und auf meine schütteren Haare herabsah.

„Ich finde alleine hinaus."

Ich grübelte allein gelassen darüber nach, ob ich es wagen sollte, noch einmal Liebhaber einer schönen Frau zu sein, mich noch einmal zum Narren zu machen. Andererseits fristete ich in der Stadt wirklich nur ein bescheidenes Dasein. Nur um die Freundschaft mit Ali tat es mir leid. Wir würden uns wohl kaum mehr wiedersehen. Es war schwer vorstellbar, dass er in mein Dorf kommen würde, und die Landarbeit ließ selten Zeit für einen Besuch in der fernen Stadt.

„Hallo?"

„Bertha, bist du es?"

Ich hörte ein Quieken wie von einem Schwein.

„Oh Harald, ich habe so lange auf deinen Anruf gewartet."

Das war stark, und ich glaubte es ihr nicht.

„Wie geht es dir? Die Verbindung ist so schlecht."

„Oh, gut, gut."

„Wie?"

„Ach Harald, es geht mir schlecht. Alles ist so schrecklich: Der Tod meines Mannes", sie betonte ‚Mannes', „der Hof, die Arbeit, und dann fahre ich morgen zum Arzt, zu einem Gyletologen, weißt du?"

„Ein was?"

„Ein Gyletologe, oder so."

„Du meinst, du fährst zu einem Frauenarzt?"

„Ja, genau. Wie klug du bist! Schon in der Schule warst du..."

In der Schulzeit war ich ein Fußabtreter für die anderen Kinder, aber das wollte ich ihr nach all den Jahren nicht am Telefon sagen, zumal der Tod des Klotzes sie schwer getroffen hatte.

„Soll ich dich am Wochenende im Dorf besuchen?"

„Nein, nein, das ist keine gute Idee", stotterte sie, „lass uns einfach nur telefonieren."

Mir fiel nichts mehr ein, was ich zur Unterhaltung beitragen konnte.

„Mir geht es auch gut", sagte ich schließlich.

„Ach, Harald", schluchzte sie auf, „ich brauche jetzt einen Mann, einen starken Mann für den Hof, das Kind und, und für mich auch."

Ein Trompeten wie von einem Walross erschütterte meinen Telefonhörer.

„Also wenn ich dich nicht besuchen soll – wie kann ich dir sonst helfen?"

„Sag mir einfach, dass du zu mir stehst und immer zu mir stehen wirst."

„Ja", sagte ich tonlos.

„Oh Harry, das ist wunderbar. Wann heiraten wir?"

Einige Tage später zupfte Ali in der Waschküche an meinem Kittel.

„Du, hör mal auf mit der Schinderei. Seit Monaten plagst du dich wie ein Pferd. Ich habe mit dir etwas zu bereden."

Ich sah ihn fragend an. Was gab es noch zu diskutieren, nachdem die Schöne mich betrogen hatte und Bertha mir den kürzesten Heiratsantrag aller Zeiten abgerungen hatte? Noch immer war ich wie in Trance und konnte meine neue Situation als baldiger Bräutigam nicht fassen. Wohl war Bertha eine Elfe und seit vielen Jahren Objekt meiner Begierde, doch hatte ich denn nichts gelernt aus dem Scheitern meiner Liebe zu der Schönen?

Das frage ich mich auch heute noch, da ich aus dem vergitterten Fenster in den von Wolkenbänken durchzogenen Himmel schaue. Ich möchte dem jungen Mann, der ich damals war, zurufen, dass alles Mögliche zu unternehmen sei, um die Ehe mit Bertha abzuwenden. Es ist zu spät.

Ich war entflammt von der Idee, die Nymphe Bertha zu heiraten und für immer zu besitzen. Es würde das Ende meiner Pechsträhne als Liebhaber sein, und auch Berthas Hof war nicht zu verachten. Ich konnte nicht viel mehr als das, was man für die Landwirtschaft benötigte, doch darin war ich exzellent. Das Schlimmste, der Wehrdienst, war überstanden. Es gab nichts, das noch sinnloser war, als die Entmenschlichung und die Erniedrigungen beim Militär. Das Jammertal einer enttäuschten Liebe hatte ich ebenfalls durchschritten. Nun sollte das Leben beginnen. Zwar erwartete mich kein rauschendes Fest, das bis zu meinem oder Berthas Tod andauern würde, doch ein bescheidenes Glück entstand vor meinem geistigen Auge.

All das sagte ich Ali an jenem Tag. Ich rechnete nicht damit, dass er davon so schwer erschüttert sein würde.

„Du heiratest?" fragte er entsetzt.

Er musste sich auf den Waschtrog stützen.

„Das ist schlimm", sagte er mit belegter Stimme. Er fasste sich jedoch. „Mein Freund, ich habe dir versprochen, dass ich dir eines Tages zeigen würde, was Schönheit bedeutet. Komm heute Abend um sieben Uhr zu mir."

Er erläuterte mir den Weg zu seiner Wohnung, und so stehe ich im nächsten Absatz

im Ghetto der Großstadt. Es hätte eine Szene aus dem Chicago der 1920er Jahre sein können. Das Viertel, in dem Alis Straße lag, war übersät mit Müll, schmutzstarrenden, kreischenden Kindern, alten Männern mit Stöcken, auf die sie sich stützten, und herumlungernden Jugendlichen, die mit Springmessern und Schlagringen spielten.

Das Haus, in dem Ali mit seiner Verwandtschaft wohnte, war unansehnlich und stand inmitten einer unregelmäßigen Reihe grauer Fassaden mit rissigem Putz und verblichenen Werbeplakaten. Eine steile Holztreppe führte mich bis zum obersten Stockwerk, in dem sich Alis Wohnung befand.

Auf mein Läuten öffnete mir ein grauhaariger Mann, in dem ich unschwer einen Inder erkannte und der sich mir als Alis Onkel vorstellte. In der Wohnung war die Szenerie wie verwandelt. Es herrschte peinliche Sauberkeit, und ein Duft von fernöstlichen Gewürzen durchwehte alle Räume. Ali begrüßte mich freudestrahlend. Von seiner Enttäuschung war nichts mehr zu sehen. Er zeigte mir die Wohnung und ging mir schließlich in das Wohnzimmer voran.

Ich sah sie nicht sofort, da der Schirm einer altmodischen Stehlampe sie verdeckte.

„Das ist Ada, meine Schwester."

Seine Augen leuchteten, als er sie mir vorstellte. Sie war wahrhaftig grazil, eine zierliche Frau mit feinen Gesichtszügen, aus denen Güte und Warmherzigkeit sprachen.

„Ali hat mir viel von dir erzählt." Sie besaß das Lächeln ihres Bruders, doch dabei sah sie starr an mir vorbei, und da merkte ich, dass sie blind war. Sie machte eine einladende Geste.

Der Ton unserer Unterhaltung sei nun auf stumm gestellt. Der gemeinsame Abend soll ein lebendes Gemälde sein, in dem Ali, sein Onkel, Ada und ich lautlose Mundbewegungen machen, allein Mimik und Gestik erzählen von unserem Zusammensein, lebhafter Diskussion, gegenseitigem Respekt und von Freundschaft. Dem aufmerksamen Beobachter wird nicht entgehen, dass ich immer wieder zu Ada aufsehe. Es sind verzehrende Blicke, und ich kann nicht leugnen, dass ich mein ganzes Unglück erfasse, eine andere heiraten zu müssen. Ich trenne mich von meinen Gastgebern nach Mitternacht mit stummen Umarmungen und schleiche durch die Nacht zu meiner Wohnung.

Wenige Wochen später werde ich mich im Schlachthaus von Ali verabschieden. Schweigend werden wir uns in den Armen liegen, ein letzter Händedruck, dann wird Ali mir nachblicken und sehen, wie mein runder Rücken im Halbdunkel des Eingangs verschwindet. Wir werden uns nicht mehr wiedersehen. Ich werde abermals einen Bus besteigen, der mich zurück in mein Heimatdorf bringen wird. Ein Jahr wird vergangen sein seit meinem Aufbruch. Wird mich Resignation erfüllen? Werde ich wissen, dass ich in Gefangenschaft gehe? Bertha wird mich in ihrem Haus erwarten. Unser Wiedersehen wird für mich eine Überraschung bereithalten.

Höchste Zeit

Versteckt hinter Gardinen beobachtete man, wie ich bepackt mit meinem Rucksack ins Dorf einzog. Neugierige Blicke begleiteten mich zu Berthas Haus. Dann stand ich vor dessen blauen Tür und schellte. Ich wartete eine Weile. Ich hörte drinnen ein Schlurfen wie von einer alten Person, dann wurde die Tür aufgerissen, und ich stand einer dicken Matrone gegenüber.

„Ist Bertha da?" fragte ich.

„Ach, Harald, erkennst du mich denn nicht?"

Wirklich kamen mir die aufgedunsenen Gesichtszüge vertraut vor, doch das ausgeprägte Doppelkinn, der Stiernacken und die enormen Fettpolster um die Oberschenkel und Hüften ließen mich zweifeln. Das konnte nicht sein, das konnte nicht Bertha sein, die Nymphe mit dem Schwanenhals.

„Komm rein, wir müssen über unsere Hochzeit sprechen", klang es schon erheblich rauer, und nun war es bewiesen: Die Metamorphose von der jungfräulichen Schönheit zur abgelebten Schlampe hatte in dem einen Jahr meiner Abwesenheit tatsächlich stattgefunden. Die Dürre hatte einige Andeutungen gemacht, doch Berthas Verwandlung überstieg die in mir geweckte Vorstellung von einer etwas pummeligen, aber attraktiven jungen Frau bei weitem.

Perplex folgte ich ihr in die gute Stube und nahm in einem schweren Sessel Platz. Bertha setzte mir prompt lauwarmen Kaffee vor, mit dem sie auf mich gewartet hatte. Das war indes die einzige Höflichkeit, die sie für mich übrig hatte.

„Dass du es gleich weißt: Ich will eine Hochzeit in weiß mit großer Feier für das ganze Dorf. Natürlich wird deine Familie die Hochzeit bezahlen, das musst du mit deiner Mutter bereden, sie verwaltet wohl das Geld bei euch. Überhaupt scheint mir deine Mutter die einzig gescheite Person in eurer Familie zu sein. Wie konntest du sie nur im Stich lassen. Na warte, das wird mir mit dir nicht passieren. Wie, es gibt keinen Grund für Vorwürfe? Du, du, nur du allein."

Nichts hatte sich geändert, nur war nun ich in der misslichen Lage des Angeklagten. Ich hatte um Berthas Hand angehalten und konnte nicht mehr zurück. Der Rückzug in die Großstadt schien mir versperrt. Dort hatte ich meine Arbeit gekündigt und würde so schnell keine neue finden, die meinen bescheidenen Fähigkeiten entsprach. Mein Schicksal hatte sich entschieden, und es war keine Entscheidung zu meinem Wohle.

Man kann nicht behaupten, dass wir über unsere Hochzeit diskutierten. Bertha beredete sie allein und ließ mich nicht zu Wort kommen, so als fürchtete sie, ich könnte mit einem Schlag ihren Schwindel beenden und wieder von dannen ziehen. Die Rollenverteilung war in wenigen Augenblicken festgelegt, und sie erinnerte mich sehr an die verheerende Ehe meines Vaters. Die These von der Gleichberechtigung der Geschlechter in unserem Land war an unseren beiden Beispielen eindrücklich widerlegt. Knecht sollst du sein, Mann, und deiner Frau dienen bis in den Tod. Vielleicht gab es eine Abkürzung aus der Ehe, aber an jenem Tag war ich überwältigt und besiegt.

„So, nun ist alles geklärt", schloss Bertha, „du kannst hier auf dem Sofa übernachten, das heißt, du musst natürlich zuerst zu deiner Mutter und sie um Vergebung bitten. Nein, das ist wirklich schändlich, seine Mutter ohne eine Nachricht zu verlassen. Du kannst dich übrigens gleich auf dem Hof nützlich machen. Die Schweine müssen gefüttert werden, und die Ställe wurden auch lange nicht mehr ausgemistet."

Sie listete noch weitere Aufgaben für mich auf, als ich schon längst auf dem Weg nach draußen zu den Stallungen war. Ich war froh, nach dem

Redeschwall meiner zukünftigen Gemahlin etwas Handfestes tun zu können. In stinkenden Ställen, zwischen Güllegruben und dampfenden Misthaufen befand ich mich auf sicherem Terrain.

Es folgten Tage voll Arbeit, an denen ich Bertha nur selten sah, und dafür war ich dankbar. Vielleicht konnte ich mich mit ihr arrangieren, wenn wir eine gewisse Distanz zueinander wahrten.

Ich will nicht berichten von den Hochzeitsvorbereitungen, einer nervenaufreibenden Anzuganprobe, während der Bertha unablässig Kommentare zu meiner missgestalteten Anatomie abgab, die den bestellten Schneider vor gehörige Probleme stellte. Es soll auch nicht erzählt werden, dass das Wiedersehen mit meinen Eltern gewisse Ähnlichkeiten mit meiner ersten Aufwartung bei Bertha hatte. Allein mein Vater gab mir schweigend die Hand und zog sich auf seinen Traktor zurück. Er überließ den warmen Empfang meiner stimmgewaltigen Mutter. Die Dorfbevölkerung nahm zufrieden nickend von meiner Verlobung mit Bertha Kenntnis. Es würde ein großes Fest geben, und das war es wert, dass man meine einjährige Abwesenheit und gewisse in der Stadt gelernte Eigenheiten an mir übersah.

Der Tag der Hochzeit war gekommen. Ich wurde unsanft kurz nach der Morgendämmerung von einem Wecker aus dem Schlaf gerissen, der ein kleines Geschenk von Bertha darstellte. Meine Erinnerungen an die Hochzeit sind undeutlich, da ich manches Detail nur allzu gern vergessen habe. Doch das Bild des Brautzuges im Vorüberziehen war sehr eindrücklich. Die Blaskapelle der Feuerwehr spielte dazu den Badenweiler Marsch, so als hätte es gegolten, Führers Geburtstag zu feiern. Man klatschte und warf Konfetti, das im Schlamm der Dorfstraße schnell seine Farbe verlor und sich dem einheitlichen Braun des Dorfes anglich. Der Bürgermeister versuchte sich an einer Rede, es kam jedoch nur Unsinn dabei heraus, da er vor Aufregung zuvor einige Schnäpse getrunken hatte und mich immer wieder mit dem Klotz verwechselte.

Ich überstand das Spektakel einigermaßen unbeschadet. Beim Hochzeitswalzer trat mir Bertha verschiedentlich gegen das Knie oder auf die Füße. Irgendwie schaffte ich es, einigermaßen nüchtern zu bleiben, und das will auf einer Hochzeit auf dem Dorf etwas bedeuten. Bertha war hingegen schon am frühen Abend stark angeheitert, und meine Verführungskünste auf unserem Hochzeitslager nahm sie zunächst kichernd und bald schnarchend zur Kenntnis. Es war mir egal, denn ich legte keinen besonderen Wert darauf, mich durch Berthas Fett- und Fleischmassen zum Ziel hindurch zu kämpfen. Ich genoss die Stille der Nacht nach dem Fest und fiel bald selbst in schweren Schlaf.

Der zweite Akt ist vorüber, der Kreislauf aus Gefangenschaft, Freiheit und wieder Gefangennahme hat sich geschlossen. Ein letztes Kapitel muss geschrieben werden, um der Erzählung eine letzte Wende zu geben.

Dritter Teil

Die Befreiung

Latenzzeit

Nach der Hochzeit setzte der bäuerliche Alltag wieder ein. Ich verlor rasch das Gefühl für die Zwänge, denen ich fortan unterlag. Bertha legte keinen Wert auf eine Hochzeitsreise mit mir, und mir war es ebenfalls recht, einer solchen Prüfung zu entgehen. Es genügte mir, wenn ich im Stall und auf den Feldern während der Arbeit meinen Träumen nachgehen konnte und Bertha nur abends zu sehen brauchte, bevor wir im gemeinsamen Schlafzimmer verschwanden.

Bertha zeigte sich meinen Verführungskünsten gegenüber gleichgültig. Das erleichterte mir das Leben ungemein, denn es war nicht einfach, dem Gesetz der Trägheit von Berthas Masse Trotz zu bieten. Es verstand sich wie von selbst, dass sich unsere Finanzen in Berthas Obhut befanden, da mein Beitrag zum gemeinsamen Vermögen sehr bescheiden war. Die Asymmetrie in unserer Ehe erstreckte sich auch auf sämtliche Arbeiten, die im Haus und auf dem Hof anfielen. Gleichsam als Knecht leistete ich Frondienst und konnte mich glücklich schätzen, dass ich Zugang zu einem gemeinsamen Konto hatte, welches jedoch nur armselige Summen aufwies. Insofern glich unsere Ehe der meiner Eltern. Ich hatte nunmehr zwei Mütter, die über mein Wohlverhalten wachten.

Zumindest war ich Herr meiner Gedanken, die zu Beginn unserer Ehe häufig zurück in die Großstadt schweiften. Ich dachte oft an Ali und seine Schwester, die einzige Freundschaft, die ich in meinem Leben erfahren hatte. Ich fügte mich jedoch in meine Gefangenschaft wie ein braves Pferd, das bis zu seinem Tod im Arbeitsgeschirr geht. Die Macht der Illusionen ließ mich vieles ertragen.

Das Dorf nahm gelassen davon Kenntnis, dass ich wie vor meiner Flucht in die Großstadt meine bäuerlichen Pflichten erfüllte. Feuerwehr und Schützenverein übten keine Anziehungskraft auf mich aus. Nur gelegentlich ging ich abends in die Dorfkneipe, um den anderen Bauern zuzuhören, deren Gespräche um Preise für Milch und Schweinehälften kreisten. Der könne sich glücklich schätzen, der in Massenhühnerhaltung investiert habe und wegen seines finanziellen Erfolges die Achtung der anderen Bauern genießen dürfe. Geld und Gülle galten zwischen Geest und Marsch mehr als ein selbstbestimmtes Leben in der Stadt.

Das Fernsehen war mein einziger Zugang zur Welt außerhalb des Dorfes. Sämtliche Sender feierten die Errungenschaften der friedlichen Revolution in Ostdeutschland, und an den Stammtischen klopfte man sich sprichwörtlich gegenseitig auf die Schulter, als sei der Fall der Mauer nicht ausschließlich eine Leistung der Menschen in Ostdeutschland gewesen. Raketen und Böller barsten pflichtschuldig vor patriotischer Freude und feierten die Wiedervereinigung am Brandenburger Tor. Nun war scheinbar alles wieder gut, und alte hegemoniale Träume feierten fröhliche Wiederauferstehung in den Stammtischreden der Bauern. Es boten sich auch verlockende Aussichten im Geflügelgeschäft, da die ostdeutsche Landwirtschaft zusammengebrochen war und in den neuen Bundesländern ein immenser Bedarf an Broilern herrschte. Die westdeutschen Fleischtöpfe würden schon noch den letzten Ostdeutschen von der Richtigkeit alter Normen und Werte überzeugen, die ihren Ursprung in vordemokratischen Zeiten hatten. Darin war man sich im Dorf einig.

Ich fragte mich gar nicht, warum trotz des Endes des kalten Krieges niemand daran dachte, die Wehrpflicht abzuschaffen. Damals kümmerte mich nicht das Schicksal der Rekruten, die nach mir kamen. Es war wohl sinnlos, gegen den latenten Militarismus im Land aufzubegehren. Ich widmete meine Aufmerksamkeit lieber dem schönen Betrug des

Fernsehens, den Unterhaltungsshows und den ewig überdauernden Krimiserien.

Berthas Schwangerschaft machte kaum Fortschritte, so schien es mir, da ich keine Veränderungen an ihrem Äußeren wahrnahm. Im Herbst fragte ich sie schließlich, wann ihre Niederkunft sein würde. Sie antwortete lapidar, sie habe eine Fehlgeburt gehabt, als sie für einige Tage zu Besuch bei einer Freundin gewesen war. Sie habe es mir verschwiegen, um mich nicht zu beunruhigen. Sie wisse ja auch, wie sehr ich mich auf den Nachwuchs gefreut habe und habe mich daher nicht enttäuschen wollen. Aber überhaupt sei ihre Schwangerschaft nur ihre Angelegenheit, und wenn überhaupt jemand das Recht habe, sich darin einzumischen, dann wäre es der Klotz gewesen, und der sei ja nun tot, der Gute, der Starke, der einzige, der jemals außer ihrer Mutter Verständnis für sie gehabt habe. Ich solle nicht so dämlich gucken, sondern an die Arbeit gehen. Gäbe es denn im Stall nichts auszumisten, sei der Mais denn schon geerntet. Ich hätte gefälligst Rücksicht zu nehmen auf meine arme schwache Frau, die so viel Schlimmes erlitten habe. Ich hätte meine liebe gute Mutter so arg enttäuscht und geriete vollkommen nach meinem Vater, von dem man sich so viel Schlechtes erzähle. Ich wisse schon, wer meine Mutter so schwer verletzt habe. Überhaupt könne sie meinen Buckel jetzt nicht mehr ertragen. Ich solle mich auf den Trecker scheren.

„Hinaus!"

Damit war auch diese Angelegenheit geklärt. Es würde keine Kinder in unserer Ehe geben. Den Ungeborenen blieb eine Kindheit erspart, wie ich sie erlebt hatte, aber ich ärgerte mich, dass ich auf eine dreiste Lüge hereingefallen war, als die Dürre mir zuredete, Bertha zu heiraten. Was änderte das noch. Was kümmert es das Vieh, dass es zum Schlachten gemästet wird.

Am selben Tag fuhr Bertha in die Kreisstadt, um angeblich eine Freundin zu besuchen. Sie habe ja sonst keine Freuden, sagte sie. Ich solle bis zu ihrer Wiederkehr das Haus aufräumen. Der Dachboden könne mal entrümpelt werden. Sie brauche schließlich Platz für ihre Wäsche, die in der Tat ständig zunahm, da regelmäßig Pakete von Modeversandhäusern bei uns eintrafen.

Die Erntezeit war vorüber, und die Arbeiten auf den Feldern nahmen ab. Darum folgte ich tatsächlich am nächsten Tag Berthas Befehl. Auch trieb mich Neugier auf den Dachboden, den ich zuvor noch nie betreten hatte. Für gewöhnlich werden die Leichen in der Marsch unter dem Dach versteckt, da es wegen des hohen Grundwasserspiegels keine Keller gibt. Die Treppe knarrte verdächtig, als ich hinaufstieg, und das unartige Geländer bog sich gefährlich unter dem Gewicht meines Körpers nach außen.

Mildes Licht schien durch eine Dachluke auf meine schütteren Haare, als ich die Dachluke öffnete und eine Explosion von gleißenden Staubflocken auslöste. Wasserfleckige Kartons stellten sich mir in den Weg, eine alte Kleiderpuppe wackelte freundlich, doch es war nichts Außergewöhnliches zu entdecken. Von einem Dachbalken hing eine Wehrmachtsuniform, in der vor nicht allzu langer Zeit ein junger Mensch gesteckt haben mochte, den, oh Schreck, wohl eine Maschinengewehrsalve zu Boden gestreckt hatte. Es konnten jedoch auch Motten gewesen sein, welche die Uniformbrust perforiert hatten. Mein Interesse verflog. Ich machte mich an die Arbeit und brachte die Kartons ins Parterre, die nur alte Kleidungsstücke und Zeitungen aus den dreißiger Jahren des vorigen Jahrhunderts enthielten.

Der Dachboden sah schon merklich geleert aus, als der Boden eines Kartons aufriss und seinen Inhalt polternd auf den Fußboden erbrach. Ein schwerer Gegenstand fiel auf meinen Fuß, so dass ich minutenlang wie elektrisiert von Schmerz auf dem gesunden Fuß durch die Staubwolken hüpfte. Endlich wurde ich gewahr, dass es eine alte Wehrmachtspistole war, die mich gepeinigt hatte. Wütend gab ich ihr einen Fußtritt und expedierte sie solchermaßen in eine Ecke des Dachbodens. Ich hatte genug und machte mich auf den Weg nach unten, um das Gerümpel auf einen Anhänger zu laden. Es war an der Zeit, die Erinnerungsstücke einer dunklen Vergangenheit auf den Müllplatz zu befördern.

Bertha blieb drei Tage fort. Ich atmete freier ohne ihre Aufsicht, doch am vierten Tag war alles wie immer. Das Haus hallte wider von den Tiraden meiner Frau. Ich fand nur Ruhe bei den Kühen und Schweinen.

Winter, Frühling, Sommer kamen und vergingen, Herbst hielt erneut Einzug, um wieder abgelöst zu werden von Winter. ‚Oh du Fröhliche' verhallte. Ein Jahr und ein weiteres verstrichen sinnlos, dass man blöde daran werden konnte, wie die Jugend ohne Höhepunkte und Gedächtnismarken verblasste. Regelmäßig zu Weihnachten schenkte mir Bertha einen neuen Wecker, so als habe sie Angst, die alten könnten ihren Dienst versagen und sie könnte daher ihre Macht über mich verlieren. Die Tage, an denen sie einigermaßen freundlich zu mir war, waren selten. Wir hatten keine lieben Worte für uns übrig. Ein Tag des Schweigens war ein Genuss. Mir graute vor den Nächten, in denen ich neben Bertha im Ehebett lag. Sie roch säuerlich und schnarchte nervenzerreißend. Ich begann, mich vor ihr zu ekeln, doch der Ekel machte mir ihre Gegenwart wiederum erträglich.

Manchmal erzählten wir uns jedoch Episoden aus unserer Kindheit. Weißt du noch, wie klein ich, der Klotz so gewaltig, du schon damals einen Ansatz zum Buckel? Weißt du noch, wie klein ich, der Klotz so brutal, du so zart. Ob sie denn nun nicht mehr zart und schön sei? Doch, doch. Das wolle sie auch gemeint haben. Ihre Kleidergröße habe sich zwar verändert, aber nicht wahr, sie sei doch eine stattliche Frau. Ob wir mal wieder etwas Spaß haben sollten. Sie könne doch wieder einmal ihre Freundin in der Kreisstadt besuchen, schlug ich vor. Sie schleuderte einen scharfen Blick gegen mich. Ich versteckte mich hinter der Morgenzeitung. Sie murmelte etwas von einem alten Buckel und Undankbarkeit.

Am nächsten Tag fuhr sie tatsächlich in die Kreisstadt. Ich öffnete alle Fenster, um Berthas Geruch hinauszulassen und süßen Stallgeruch zu atmen. Sie blieb eine ganze Woche bei ihrer Freundin. Ich wunderte mich über ihr langes Fernbleiben, tat es aber schließlich mit einem Schulterzucken ab. Man musste die Zeit ohne Frau genießen. Ich gönnte mir abends regelmäßig ein Bier oder zwei und entwickelte in Selbstgesprächen Trinksprüche auf die Freiheit.

Am achten Tag stand sie wieder die Küche verdunkelnd in der Tür, aber etwas war anders. Sie strahlte mich an.

„Hallo, lieber Mann", sagte sie, „nein, nein, bemühe dich nicht, ich kann den Koffer selbst hineintragen. Es ist schön, wieder daheim zu sein. Wie aufgeräumt hier alles ist. Ach, lass nur, ich tue die Bierflasche schon in den Kasten."

Berthas Unfreundlichkeit war erträglich, doch ihr künstliches Lächeln und ihre Liebenswürdigkeit ließen mich ekeln. Hatte sie vor, einen Hoferben mit mir zu zeugen? Musste ich nun wieder meinen ehelichen Pflichten gerecht werden? Bertha war nicht besonders intelligent, aber sie tat nichts ohne Absicht, so wie sie mich vor Jahren zur Heirat mit ihr gebracht hat. Des Rätsels Lösung enthüllte sich mir nicht sofort. Ich musste mich in Geduld fassen und verweise den Leser auf das folgende Kapitel.

In Gefahr

Lassen Sie mich an einem Morgen im November Bertha am Küchentisch gegenüber sitzen und frühstücken. Bertha spielte mit ihrem Haar. Ich kann nicht entscheiden, ob es gewellt war oder glatt, lang oder mittellang. Denkbar ist, dass sie aus der Kreisstadt eine Dauerwelle mitgebracht hatte, sie konnte auch eine Ponyfrisur tragen, oder ein kurzer Pagenschnitt zierte ihren Kopf. Es ist jedoch auszuschließen, dass sie Lockenwickler im Haar trug, und ich kann bezeugen, dass ihre Fingernägel lang, aber nicht lackiert waren, richtige Krallen, die ständig zum Angriff ausgezogen ihre Haarspitzen liebkosten. Vor dem Fenster mögen Nebelschwaden vorüber ziehen. Vielleicht hörte man das Muhen der Kühe im Stall. Berthas Umgangston hatte sich wesentlich verändert. Ich war überrascht, wie sie ihre Anweisungen in Höflichkeit kleiden konnte. Es war auch manches Lob dabei, das mich stutzig werden ließ.

Ich knisterte mit der Zeitung, welche die Neuigkeiten vom Vortage enthielt: Todesopfer auf der Landstraße, das Foto eines Pilzsammlers samt im Forst gemachten Fundes, unten stand etwas von Ausschreitungen gegen Asylanten. Bertha zeigte sich gesprächig.

„Was steht denn da vom Militär?" fragte sie die Rückseite der Zeitung mitlesend. „Ein Basar in der Kaserne für einen wohltätigen Zweck. Vielleicht sollten wir dahin gehen. Was meinst du?"

„Ja, vielleicht."

Der Fußballverein der Kreisstadt hatte unentschieden gespielt.

„Der Mann meiner Freundin ist auch beim Militär. Und der hat einen Bruder, der war beim Militär, und stell dir vor, nach zwölf Jahren haben sie ihm eine Stelle bei der Bahn verschafft. Ich denke, er ist jetzt schon Zugführer oder Schaffner, ist das nicht schön?"

„Daher stammt wahrscheinlich der Begriff ‚mein geliebter Obersturmbahnführer'."

Bertha schwieg, und ich sah über den Zeitungsrand, wie sie angestrengt überlegte.

„Ja, so wird es wohl sein. Wie klug du nur bist. Du weißt alles so genau. Du könntest dort bestimmt Karriere machen."

„Wo?"

„Beim Militär natürlich."

Es entstand eine kurze Gesprächspause, von der ich nicht sagen kann, welche Schlagzeilen ich darin las und doch nicht las. Die Heizung knackte. Es fröstelte mich. Ich ahnte etwas.

„Die Uniform würde dir bestimmt ausgezeichnet stehen", setzte Bertha fort, „alle Männer sehen in Uniform gut aus. Denk nur, die Epauletten, und du würdest bestimmt auch einen Orden bekommen."

„Warum?"

„Ich weiß nicht. Viele Soldaten bekommen doch einen Orden. Ich wäre so stolz auf dich. Bestimmt würdest du bei Hochwasser viele Menschen retten, oder die Straßen von umgestürzten Bäumen befreien. Vielleicht gibt es wieder einen Krieg. Dann könntest du deine Tapferkeit beweisen", schwafelte Bertha weiter.

„Das ist unwahrscheinlich."

„Wieso? Man könnte doch einen Krieg gegen die Ausländer führen."

Nun wurde es mir zu viel.

„Ich muss die Kühe melken. Hörst du nicht, wie sie schreien?"

„Ich höre nichts", erwiderte Bertha begriffsstutzig. Doch das sagte sie schon in meinen Rücken.

Bertha war zu Besuch bei meiner Mutter. Sie habe dort etwas zu besprechen. Nein, ich brauche nicht mitzukommen. Sie habe etwas von Frau zu Frau zu klären. Ich solle mir einen schönen Tag machen. Der

Stall sei ja schon ausgemistet. Ich sah sie hinter der Hofausfahrt verschwinden und verschloss die Haustür.

Ich war Bertha auf der Spur, benötigte aber noch endgültige Gewissheit. Sie bewahrte geschäftliche Dokumente in der ehemaligen Speisekammer auf. Auf einem Flaschenregal reihte sich Aktenordner an Aktenordner. Ich nahm willkürlich einen davon heraus und las eine Rechnung aus dem Jahr 1986. Daneben stand ein Ordner mit Dokumenten aus dem darauffolgenden Jahr, endlich hatte mein Zeigefinger den diesjährigen Ordner erreicht. Januar, Februar, April, Juli, September, Oktober. Bertha war sehr ordentlich. Alles war sauber abgeheftet, Quittungen für Damenschuhe, für Schweinefutter, eine Rechnung für eine Reparatur der Güllepumpe. Die Güllegrube musste einmal ordentlich geleert werden. Eine Quittung über Schreibbedarf. Wozu brauchte Bertha Klarsichtmappen? Ein Schreiben vom Kreiswehrersatzamt. Mir zitterten die Knie. Sehr geehrter Herr, mein Name verschwamm vor meinen Augen. Man teilte mir mit, dass man meine Bewerbung erhalten habe und dass ich mich gedulden solle, bis man mich zu einer erneuten Musterung und einer Eingangsprüfung auffordern würde. Der Brief schloss mit Aussichten auf eine Einberufung zu 12 Jahren Dienst beim Militär zunächst als Obergefreiter.

Ich verstand den ganzen Betrug. Bertha hatte sich für mich beworben. Wahrscheinlich spann sie die Intrige zusammen mit meiner Mutter, mit der sie gerade zusammen war. Kalter Schweiß trat mir auf die Stirn. Ich musste mich hinsetzen.

Im Ordner befanden sich noch zwei weitere Briefe. Ein Makler bedankte sich für Berthas Vertrauen. Es folgte eine Aufstellung von Annoncen, die in Tageszeitungen geschaltet werden sollten. Der zweite Brief trug denselben Absender. Hierin war von einer Verhandlungsbasis für

Berthas Hof die Rede, eine erkleckliche Summe, mit der es sich gut einige Jahrzehnte leben ließ.

Verbale Beschimpfungen halfen mir nicht aus der gefährlichen Situation. Es war nicht genug, dass ich als Knecht Berthas Hof bewirtschaftete, ich sollte zurück in die Vorhölle des Militärs, Drill und Schikanen sollten mich solange quälen, bis ich eine willenlose Marionette war, ein folgsames Objekt ständig im Gleichschritt marschierend und schlimmer noch, im Marschrhythmus denkend. Sogar meine Illusionen und Träume, die verhinderten, dass ich am Leben verzweifelte, sollten mir geraubt werden.

Ich prüfte noch einmal die letzten drei Briefe, es bestand kein Zweifel an Berthas Absichten. Ich stellte den Ordner an seinen Platz im Flaschenregal und begann in der Küche auf und ab zu gehen. Das Entsetzen hatte mich nicht vollständig paralysiert. Ich fing an nachzudenken. Es musste eine Lösung her. Das Militär würde sich stets für mich entscheiden, das stand fest. Bertha hatte vollständige Verfügungsgewalt über den Hof, es war ihr Eigentum. Meine Mutter würde zusammen mit Bertha solange die Intrige fortführen, bis ich endlich Soldat geworden wäre. Beide waren von einer Engstirnigkeit, die keine Gnade kannte. Es musste ein Plan her, der mich aus der Situation befreite. Eine Idee begann in mir zu reifen. Weitere Fragmente und Details gesellten sich hinzu.

Ich beendete die Wanderung durch die Küche, ging in den Stall und machte mich an der Güllegrube zu schaffen. Sie war randvoll. Ich ging zurück ins Haus und stieg auf den Dachboden. Dort fand ich nach kurzer Zeit, was ich suchte. Ich begab mich zurück in die Küche. Draußen dunkelte es schon. Es war an der Zeit. Bertha würde bald kommen. Ich bereitete das Abendessen vor, saftige Schweinekoteletts und Gemüse der Saison an einer deftigen braunen Soße.

Bertha war in gehobener Stimmung von meiner Mutter zurückgekehrt. Ich reichte ihr die Kartoffeln.

„Wie viel Mühe du dir mit dem Essen gemacht hast. Habe ich etwa Geburtstag?"

„So ungefähr. War es schön bei meiner Mutter?"

„Sie ist so eine gute und tüchtige Frau. Ich wollte, du hättest mehr von ihr geerbt. Aber das kann ja noch werden."

Ein Anflug von List huschte über ihre Augen. Das Fleisch sei herrlich, der Kohl genau richtig, ich wisse doch, dass sie davon Blähungen bekäme, aber es schmecke ja so gut. Sie habe gar nicht gewusst, wie gut ich kochen könne.

„Iss nur tüchtig, der Nachmittag war wohl sehr anstrengend für dich. Ich meine, Reden kann sehr ermüdend sein."

„Du Schelm. Allerdings kommt man bei deiner Mutter kaum zu Wort."

„Bertha, ich habe eine Überraschung für dich."

„Wirklich? Wo ist sie?"

„Du kannst sie dir nachher anschauen. Wir müssen nur in den Stall gehen."

Bertha kicherte wie ein kleines Mädchen.

„Lieber Mann, ich habe auch eine Überraschung für dich. Wo habe ich es denn?"

Sie kramte in ihrer Handtasche.

„Lass nur, Bertha. Das hat Zeit bis morgen. Heute Abend zeige ich dir erst einmal meine Überraschung."

Sie seufzte und ergab sich in meinen Willen.

„Abgemacht. Ich bin so aufgeregt."

„Nimm noch etwas Kohl."

„Ich bin so gemästet."

„Noch ein Glas Wein?"

Gemeinsam stapften wir durch schwarze Pfützen über den Hof zum Stall. Ich ging mit einer Lampe voran, welche die schlaftrunkenen Tiere im Stall blendete. Scharren und leises Muhen einer Kuh.

„Heute riecht es aber besonders schlimm im Stall", meinte Bertha.

„Das ist nur wegen der Witterung. So, nun stell dich einmal dorthin, und mache die Augen zu."

„Direkt neben die Güllegrube? Igitt, die ist ja offen."

„Mach die Augen zu."

Sie folgte meinem Befehl. Berthas Naivität war ungewöhnlich.

„Nun kannst du die Augen wieder aufmachen."

„Ich sehe nichts."

Hilflos suchte sie nach einem Geschenk auf dem Stallboden. Dann sah sie die Pistole in meiner Hand. Es war zu spät. Die Kugel ließ sie rückwärts stolpern und mit einem kurzen Aufstöhnen in die Güllegrube fallen. Ich beobachtete regungslos, wie ihr schwerer Körper in den braunen Fluten versank. Schließlich stiegen ein paar Gasblasen an die Oberfläche und zerplatzten lautlos. Das war das. ‚Bertha, ich muss dich lassen, ich geh dahin mein Straßen‘ sang es in mir. Die durch den Schuss aufgeweckten Kühe nahmen das Thema auf und fielen brüllend ins fortissimo. Gewissermaßen als Grabstrauß warf ich Bertha die Pistole in ihr nasses Grab hinterher. Ein rostiger Nagel an der Stalltür ritzte mich an meiner Wange, als ich auf dem Weg zurück ins Haus war.

Hier könnte die Erzählung enden. Fast alle offenen Fragen und Details sind geklärt. Der Protagonist ginge einem glücklichen Ende als alleiniger Hoferbe und freier Mann entgegen. Doch mir scheint eine solche Lösung nicht befriedigend, und daher nehme ich weitere Anleihen an meiner Fantasie. Es bieten sich verschiedene Alternativen, die Handlung fortzuführen. Zunächst würde ich nach vollbrachter Arbeit zurück ins

Haus gehen. Ich würde mich auf den Dachboden schicken, denn man weiß, dass jeder Mörder nach seiner Tat an ihren Herkunftsort zurück kehrt. Mühsam würde ich mir die zu kleine, durchlöcherte Uniform überstreifen und die Flucht ergreifen. Als Wehrmachtsoffizier getarnt würde ich ungehindert bis zur Grenze gelangen, wo mich holländische Widerstandskämpfer begeistert in Empfang nehmen würden. Ausgestattet mit einer falschen Identität würde ich die Flucht über den Atlantik fortsetzen, und zunächst würde raue See in der Biskaya meine Verfolger weit zurückwerfen. Weiter würde die Reise über alle Ozeane und Kontinente gehen, Frühstück in New York, ein Nachmittagstee um fünf in einem Beduinenzelt inmitten der mauretanischen Wüste. Fremde Menschen würden mir ihre Hochachtung entgegen bringen und mir bei meiner Flucht helfen. Doch die Verfolger würden stets hinter mir sein, sogar ein Sandsturm in der Kalahari würde sie nicht von meiner Spur abbringen können. Meter für Meter würden sie näher rücken, und spätestens an einem sonnigen Tag auf den Galapagosinseln würde die Dorfpolizei mich stellen. Ein Hubschrauber würde mich in Begleitung mehrerer Wachmänner in die Kreisstadt fliegen, wo ein Spalier wutverzerrter Gesichter mich begrüßen würde. Aus tausend Mündern würde mein Name gellen, der mir indes unverständlich bleiben würde. Angebunden an einen Schinderkarren würde ich durch die aufgebrachte Menge der Passanten gehen, die mit faulen Eiern und Schweinehälften nach mir schmeißen würden. Übel zugerichtet würde ich schließlich an mein Schafott treten, auf dem mich der Fleischermeister mit einer Axt erwarteten würde. Ich würde die mit Nägeln gepflasterten Stufen hinan steigen, immer höher, bis die Menschenmassen kaum noch sichtbar sein würden und selbst der Fleischermeister übel riechenden Speichel schäumend zum Zwergen schrumpfen würde und alles in einem hellen Schein verblasste.

Schließlich wachte ich auf, denn ich habe mich für eine zweite Variante entschieden, die plausibler als die erste ist. Ich hatte mich am Mordabend früh zu Bett begeben und am Morgen die Melkzeit verschlafen, da der Wecker nicht gestellt war. Was war zu tun? Die Kühe mussten gemolken werden, die Schweine warteten auf ihr Futter. Ich nahm die Landarbeit wieder auf, da mir vorerst nichts Besseres einfiel, um meine Tat zu vertuschen. Gelegentlich ging ich an Berthas Grab, um sicher zu gehen, dass ihr Leichnam nicht wieder an die Oberfläche stieg, doch meine Befürchtungen waren umsonst. Bis zum Frühjahr lag Bertha sicher. Bis dahin konnte ich mir überlegen, wie weiter vorzugehen sei.

Vor meinem Zellenfenster singt eine Blaumeise und kündigt den Frühling an. Die Aufbruchsstimmung, die mich in meiner Jugend im Frühjahr befiel, hat sich bei mir schon lange nicht mehr eingestellt. Das Gefängnis setzt mir enge Grenzen, die jedoch hilfreich sein können um weiterzuleben und die meine Fantasie nur beflügeln. Ich bin unter die Mörder geraten und habe mich mit meiner Tat in die Reihe derer gestellt, die heutzutage überall in der Welt unter Waffen stehen und Menschenleben vernichten. Was unterscheidet mich noch vom Soldaten, der ich nie sein wollte? Die Gedankenfreiheit, die schon ein Infant in einem klassischen Drama von seinem Vater forderte, ist der einzige Vorteil, den ich den militärischen Befehlsempfängern voraus habe. Vielleicht sind auch die seltenen Gewissensbisse, die ich immer noch verspüre, ein Unterschied zur frauenmordenden Soldateska. Trotzdem war Berthas Ermordung ein Akt der Befreiung, obschon die Tat verwerflich war und sich bei näherer Betrachtung friedliche Alternativen geboten hatten.

Es ist zu spät. Bertha liegt mittlerweile ordnungsgemäß in einem kühlen Grab auf dem Dorffriedhof. Sie wird von dem einen oder anderen

Dorfbewohner betrauert und vielleicht sogar als patriotische Märtyrerin gefeiert, die, so sagt man, für ihren Mann nur das Beste wollte, denn längst sind die Hintergründe des Mordes bekannt. Ich habe niemandem Verständnis für meine Beweggründe abringen können, auch von Ali und seiner Familie bin ich seit unserer Trennung in der Großstadt ohne Nachricht. Es scheint, als sei mir nur noch die Anerkennung der anderen Gefängnisinsassen beschieden, die auf in der Ausführung gleiche oder verschiedene Weise versucht haben, sich von ihren Nöten zu befreien.

Letzte Drohung und endgültige Befreiung

Etwas musste mit Berthas Leiche geschehen. Irgendwann musste die Güllegrube geleert werden, dann stellte sich die Frage: Wohin mit ihr? Sollte ich sie als Dünger auf die Maisfelder ausbringen, oder den Leichnam ausheben und in einem Karton auf dem Dachboden verstecken? Vorerst fand ich keine Antwort, doch andere Menschen begannen weitere Fragen nach dem Verbleib von Bertha zu stellen.

Ein paar Wochen nach dem Mord rief meine Mutter an. Wo Bertha sei. Mit mir wolle sie gar nicht reden. Ich solle endlich Bertha ans Telefon holen. Wie, sie sei nicht zu hause. Wisse ich denn überhaupt nicht, wo sie steckte. Ich sei ein armseliger Tropf, der von nichts eine Ahnung habe. Wie sie so jemand habe groß ziehen können. Alle Erziehung sei an mir verschwendet gewesen, aber nun würde sich ja alles. Sie begann zu husten, als habe sie sich verschluckt. Nun gut, vielleicht sei Bertha ja bei einer Freundin in der Kreisstadt, aber es sei schon seltsam, dass sie dort so lange bliebe. Es folgte ein Krachen wie von brechenden Knochen am anderen Ende der Leitung, dann ertönte das Besetztzeichen.

Eine Woche später rief meine Mutter erneut an und erlitt einen Tobsuchtsanfall, da ich sie wieder vertröstete. Es war vorerst das letzte Zeichen von ihr, abgesehen vielleicht von anonymen Anrufern, die mein Telefon stets nur zweimal klingeln ließen, gerade ausreichend, um mich aufzuschrecken und gelegentlich ein scharfes Atmen am anderen Ende der Leitung hören zu lassen, bevor aufgelegt wurde.

Weihnachten nahte. Wundersame Errettung wurde in der Dorfkirche verheißen, aber mein Problem fand keine nachhaltige Lösung. Statt Kerzenschein und alten Weihnachtsliedern von einer zerkratzten Schallplatte gönnte ich mir am Heiligen Abend ein paar Schnäpse, die ich allein in der Küche trank.

Es klopfte. Wahrscheinlich spielte der Wind mit der Stalltür. Es klopfte energischer. Ich schlurfte zur Haustür und öffnete sie einer Erscheinung, die ich am wenigsten erwartet hatte. Den Kopf zurückgeworfen in den Nacken, mit geblähten Nüstern und mit den Beinen weit ausholend stürmte die Dürre an mir vorbei in die Küche.

„Wo ist Bertha?" schnappte sie.

Keine Erwähnung von frohen Weihnachten oder zumindest ein kurzer Gruß kamen über ihre schmalen Lippen.

„Wo Bertha ist, will ich wissen." Sie stampfte mit ihrem Fuß auf. „Mach den Mund zu, und mach ihn nur wieder auf, um mir eine Antwort zu geben. Ich komme extra aus der Kreisstadt hierher, um endlich Bertha zu sprechen. Wir haben dringende Angelegenheiten zu klären."

Nun wurde mir klar, wer die Freundin war, die Bertha zuweilen in der Kreisstadt besucht hatte. Die anonymen Anrufe mussten ebenfalls von der Dürren stammen, die zweifellos in das Komplott gegen mich verwickelt war, wenn sie nicht sogar der Kopf der Intrige war.

„Ich muss schon sagen, dass du mich ziemlich dämlich anguckst", sagte die Dürre verärgert, „ich möchte von dir nur eine Auskunft, dann gehe ich wieder. Also sprich, du Idiot. Hat sie sich mit einem anderen Mann aus dem Staub gemacht? Ist sie zu deiner Mutter gezogen? Versteckt sie sich vor mir? Bertha, hallo Bertha", rief sie, „komm aus deinem Versteck. Es ist alles in Ordnung."

„Sie kann dich nicht hören."

„Warum nicht? Ist sie etwa im Stall?"

„Genau."

Etwas in meinen Augen ließ sie zögern, hinaus zum Stall zu gehen.

„Du sagtest eben etwas von einem offenen Mund."

„Was? Was hast du mit ihr gemacht?"

„Du findest Bertha im Stall."

„Du hast sie doch nicht etwa?"

„Schau nach."

„Wo?"

„In der Güllegrube."

Sie schluckte.

„Ich muss mich setzen", flüsterte sie, „war es ein Unfall? Um Himmels Willen, war es ein Unfall? Dann brauchst du doch nicht so heimlich zu tun. Nein, du hast sie umgebracht."

Ihr Gesicht verzerrte sich.

„Möchtest du ein Bier?"

„Wie? Nein, nein. Du würdest mich wohl auch vergiften."

„Ich habe sie erschossen. Sie hat nicht gelitten."

Die Dürre starrte mich konsterniert an.

„Warum nur?"

„Ich bin hinter euer kleines Geheimnis gekommen."

„Ist das ein Grund, einen Mord zu begehen?"

„Hätte ich euch denn von eurem Plan abbringen können?"

„Nein", ihre Haltung straffte sich, und sie wiederholte entschiedener: „Nein, wir waren entschlossen."

„Eine feine Lösung: Bertha bekommt das Geld, und was wäre für dich abgefallen?"

Die Dürre senkte den Blick.

„Ich verstehe, du hättest mich bekommen, sozusagen als Spielzeug, oder als Statussymbol. Seht her, das ist mein Mann beim Militär! Nun kannst du einen Mörder haben, immerhin jemand, der mit einer Pistole umgehen kann", höhnte ich. Doch ich bereute es sogleich.

„Wir waren entschlossen, und wir sind entschlossen", raffte sie sich auf.

„Du sollst deine Strafe haben, aber nicht vor einem ordentlichen Gericht. Du sollst büßen, zwölf Jahre lang sollen sie dich schleifen und schinden,

149

bis du ein willenloser Idiot bist. Du wirst dich freiwillig zum Militärdienst melden, wie es vorgesehen war. Und noch etwas: Vorher wirst du Bertha als vermisst melden."

„Und dann?"

„Dann werden wir ein Jahr warten."

„Du willst mich immer noch haben?"

„Das ist mein letztes Wort."

Da ich darauf nichts erwiderte, setzte sie hinzu: „Ich gehe jetzt zu deiner Mutter und werde bei ihr übernachten. Es ist wohl zu gefährlich in diesem Haus zu schlafen. Morgen komme ich wieder. Bis dahin musst du dich entschieden haben. Militär oder.."

„Oder?"

„Ich weiß, was ich weiß."

Sie warf mir einen letzten überlegenen Blick zu. Ihre dünnen Lippen waren noch schmaler, ihre Augen katzengleich. Sie erhob sich und ging. Krachend fiel die Tür ins Schloss.

Es war Weihnachten, das Fest der Liebe. Morgen würde die Dürre wiederkommen, um meine Kapitulation einzufordern. Es galt zu handeln. Es gab nur noch eine Wahlmöglichkeit, die letzte Freiheit, das letzte Refugium, das mir blieb.

Tauwetter hatte eingesetzt. Ein lauer Wind strich über die dunklen Felder, als ich mit dem Traktor zur Kreisstadt fuhr. Vor den Höfen standen illuminierte Weihnachtsbäume. Man saß beim Braten zusammen, hörte volkstümliche Weisen, oder ergab sich dem Alkohol. Vielleicht tat man auch alles zusammen oder nacheinander.

Die Dürre kannte kein Pardon, und ich hatte keine Gnade für sie, denn es ging um einen letzten Rest meiner Freiheit. Langsam wackelte der Traktor der Kreisstadt entgegen. Da waren die ersten Vorbezirke, das Kreiswehrersatzamt und dort die Polizeiwache. Ich hielt an und schwang mich aus dem Fahrersitz. Hinter einem Fenster brannte noch Licht. Ein pflichtbewusster oder von seinen Kollegen vergessener Beamter leistete noch Dienst. Ich klingelte an der Tür. Ein feiner Regen hatte eingesetzt, und der Beamte blickte in ein von Tropfen übersätes Gesicht, als er die Tür öffnete.

„Ich möchte etwas melden", sagte ich.

„Sie möchten sich melden?" Der Beamte war betrunken oder schwerhörig. Ich entschied mich für letzteres.

„Ich möchte einen Mord melden."

Er konnte offenbar von den Lippen lesen und ließ mich eintreten. Der Polizeibeamte nahm mir gegenüber Platz, nachdem er mir einen Stuhl angeboten hatte.

„Sind Sie sicher, dass Sie einen Mord melden wollen? Könnte es nicht einfach ein Unfall gewesen sein. Ich meine nur, dass heute immerhin Weihnachten ist. Vielleicht könnte die Anzeige ein oder zwei Tage warten, dann könnten Sie übermorgen meinem Kollegen alles erzählen. Sehen Sie, ich habe zwei Kinder. Goldig, nicht wahr?" Er zeigte mir eine Fotografie, „die warten auf mich zu hause."

„Nein, die Angelegenheit duldet keinen Aufschub", sagte ich heiser vor Aufregung.

„Nun gut, wer ist denn ermordet worden?" resignierte der Polizist.

„Meine Frau."

„Ihre Frau, schön. Name?"

Ich nannte ihm Berthas Namen.

„Wann ist es denn geschehen?"

„Vor ungefähr sechs Wochen."

Der Beamte sog scharf die Luft ein.

„Na, hören Sie mal. Ihre Frau starb vor sechs Wochen, und ausgerechnet am Heiligen Abend gehen Sie zur Polizei und melden das! Da hätten Sie weiß Gott früher kommen können!"

„Ja, weiß Gott."

Man merkte, dass er Mühe hatte sich zu beruhigen.

„Nennen Sie mir das genaue Datum. Wie ist es geschehen? Wer war Ihrer Meinung nach der Täter? Ein bisschen zügig, wenn ich bitten darf."

Er zeigte auf die Fotografie.

„Es geschah am neunten November nach dem Abendessen in unserem Kuhstall. Ich habe sie erschossen."

„Donnerwetter! Das ist ja allerhand. Hat sich der Schuss nicht eventuell ausversehen gelöst? Und mit was für einer Waffe haben Sie geschossen?"

„Ich sagte schon, dass ich einen Mord melden möchte. Eine alte Wehrmachtspistole."

Der Polizist sah seine Hoffnungen auf den Weihnachtsbraten schwinden.

„Dann muss ich Ihre Personalien aufnehmen", er zögerte, „und Sie wollen mich wirklich nicht für dumm verkaufen?"

Ich schüttelte den Kopf.

„Name? Adresse? Nicht so schnell, ich komme mit dem Tippen nicht mit. Wo liegt denn Ihre Frau jetzt? So, in der Güllegrube. Saubere Arbeit!"

Ich schilderte ihm sämtliche Details, ließ weder den Kohl, noch die Luke zur Güllegrube weg und schloss damit, wie ich Bertha zum Abschied die Pistole hinterher warf.

„Das ist alles ein wenig viel für mich", seufzte der Polizist, „da muss morgen jemand zu ihrem Hof rausfahren und alles aufnehmen. Schließlich muss ihre Frau geborgen werden. Man kann sie doch nicht so einfach dort liegen lassen. Das werden morgen die Kollegen von der

Mordkommission übernehmen. Ich werde ihnen ein Fax schicken. Aber was mache ich mit Ihnen?"

Er nahm sein Kinn in die Hand und bewegte es nachdenklich hin und her.

„Kann ich hier bleiben?" fragte ich.

„Wo denken Sie hin? Wer soll Sie denn hier bewachen? Es ist niemand mehr hier außer mir, und ich bin auch gleich bei meiner Familie."

Er bemerkte die Verzweiflung in meinem Blick.

„Wir haben hier eine Zelle für Betrunkene zum Ausnüchtern. Wollen Sie die nehmen?"

„Ja, gerne. Bitte."

„Aber Sie dürfen nicht ausbrechen. Versprochen?"

„Versprochen. Sie können zu Ihrer Familie fahren."

Vor sich hin brummend schloss der Polizist die Zelle zu.

„Gute Nacht."

„Gute Nacht."

Ich war gerettet.

Ein anderer Polizist schloss meine Zelle am nächsten Morgen wieder auf und führte mich nach draußen, wo ein Streifenwagen auf uns wartete.

„Wir fahren jetzt zu Ihrem Hof. Die Spurensicherung ist schon da."

Die Sonne spielte in den Pfützen, als wir vor dem Kuhstall stoppten. Die Dürre war schon vor Ort. Sie hatte auf mich gewartet. Ihr zorniger Blick begleitete mich auf dem Weg in den Stall. Die vollständig in Weiß gekleideten Beamten von der Spurensicherung nahmen sich merkwürdig vor den kotigen Dungrinnen aus.

„Wir wollen jetzt Ihre Frau bergen. Zeigen Sie uns, wie man die Güllegrube leert."

„Die Güllepumpe ist defekt. Vielleicht kann ein Taucher sie heraufholen", sagte ich.

„Unglaublich, und so etwas zu Weihnachten!"

Selten gab es auf unserem Hof so hohen Besuch wie an diesem Morgen. Bertha wäre stolz gewesen, so viele Männer in Uniform bei sich zu Gast zu haben. Irgendwie schaffte man es, einen Haken an ihrer Leiche zu montieren. Stöhnend vor Anstrengung beförderten sie zwei Polizisten mit einem Flaschenzug nach oben. Bertha hatte von ihrer Leibesfülle wenig eingebüßt, und mit etwas gutem Willen konnte man sie in dem dicken braunen Klumpen, der über der Güllegrube schwebte, noch wiedererkennen.

Die Dürre war fort, als man mich aus dem Stall führte. Sie hatte verloren, aber es gab keine Gewinner in diesem Spiel. Wiederholt hatte ich im Stall den Tathergang beschrieben, und es würde nicht das letzte mal gewesen sein. Zu meiner Verwunderung brachte man mich nicht zurück auf die Wache in die Kreisstadt, sondern in die Großstadt. Noch einmal sah ich die Flaniermeile in ihrer Innenstadt an mir vorüber ziehen. Ein paar Jugendliche blickten neugierig in den Streifenwagen und zeigten voller Häme auf mich, als sie mich im Fond entdeckten. Doch das Interesse der anderen Passanten war gering. Niemand wusste schließlich, dass ein Mörder zum Polizeipräsidium gefahren wurde.

Im Laufe der nächsten Tage folgten weitere Verhöre, in denen man minutiös jede Facette meiner Tat beleuchtete. Das Motiv, das ich immer wieder anführte, war jedoch allen Polizisten unverständlich. Man wies mich darauf hin, dass mich niemand zum Militärdienst nötigen könne, da ich meinen Wehrdienst schon geleistet habe. Sie verstanden nicht die Zwänge, denen ich unterlag. Ebenso wenig begriffen sie meinen Hass, aber in gewisser Weise hatten sie recht: Der Weg zurück in die Großstadt hatte mir stets offen gestanden. Es hätte nur meines Wunsches

zur erneuten Flucht bedurft, den ich mühelos hätte umsetzen können –
aber welche Zukunft hätte mich als mittelloser Paria dort erwartet?
Mithin ist der Fortgang der Erzählung entschieden. An Mord und Sühne
lässt sich nichts mehr ändern. Es bleibt noch von einer
Gerichtsverhandlung zu berichten, die den Schlussstein zu setzen hat.

Letztes Licht

Ich schloss Freundschaft mit meiner Zelle im Untersuchungsgefängnis. Man hatte mir einen Pflichtverteidiger zugewiesen, der sich redlich mühte, aus meinen Ausführungen Tatumstände herauszufinden, die man in dem bevorstehenden Prozess als strafmildernd auslegen konnte. Doch er fand keine. Auch ein vom Gericht bestellter Psychiater konnte an mir keine psychische Störung entdecken, die mich etwa zu einer Tat im Affekt veranlasst hätte. Erneute Verhöre erfolgten durch den Staatsanwalt, der meinen Fall für seine ungewöhnliche Motivation und Ausführung sehr lobte.

Nach mehreren Wochen wurde ein erster Gerichtstermin anberaumt. Das öffentliche Interesse war vertreten durch zahlreiche Journalisten und Schaulustige, die sich an meiner Verurteilung ergötzen wollten. Ein kahlköpfiger Richter, der Staatsanwalt und mein engagierter Verteidiger bildeten die Trias, die um mein zukünftiges Schicksal kämpften. Der Staatsanwalt forderte meine Verurteilung wegen Mordes, mein Verteidiger führte den am Mordabend getrunkenen Wein ins Feld, um eine Tötung im Affekt zu konstruieren. Er plädierte für eine milde Strafe wegen Totschlags.

Sogleich setzte die Beweisaufnahme ein. Mein Geständnis wurde verlesen, die Tatwaffe wurde herumgereicht und gebührend bestaunt. Man zeigte eine Großaufnahme von der Güllegrube, in der Bertha versenkt wurde, doch es waren darauf nur einige Schlieren und Luftblasen in unterschiedlichen Brauntönen zu erkennen. Das Foto von der Leiche machte mehr Eindruck, und ein Raunen des Abscheus ging durch den Saal. Die Verhandlung wurde vertagt auf einen baldigen Termin, an dem einige Zeugen verhört werden sollten, obwohl der Ausgang des Prozesses nach Meinung der Zuschauer längst gewiss war.

Am folgenden Prozesstag war der Gerichtssaal noch voller als bei der ersten Sitzung. Man erwartete schaurige Zeugenaussagen über meinen üblen Charakter, und die Zuschauer wurden in ihren Erwartungen bestätigt, denn die als Zeugen geladenen Dorfbewohner schilderten mich als launischen Einzelgänger, der sich dem Kollektiv der Feuerwehr und des Schützenvereins verweigerte, ein schweigsamer Geselle sei ich, dem man Böses zutrauen könne, denn man wisse ja, wohin das Einzelgängertum führe. Man müsse solche Menschen schon vor ihrer Tat in Gewahrsam nehmen, um Volk und Vaterland vor solch ruchlosen Objekten, denn es seien ja keine richtigen Menschen, zu schützen. Es sei bezeichnend, dass ich nicht zum Militär wolle. Der Staatsanwalt konnte gerade noch verhindern, dass man für mich eine Einweisung in ein Konzentrationslager forderte, doch die Zuschauer waren vorerst befriedigt und vereinzelt ertönte ein leises ‚Bravo'.

Verteidiger und Staatsanwalt verzichteten gemeinsam darauf, meine Mutter oder meinen Vater ins Verhör zu nehmen, es seien keine neuen Ergebnisse zu erwarten, die für oder gegen mich gesprochen hätten. So bleibe es bei einem kurzen zweiten Verhandlungstag, dem ein dritter und letzter folgen soll, an dem die Schlussplädoyers gehalten werden sollten.

Der Staatsanwalt eröffnete sein Plädoyer mit einer sehr farbigen Beschreibung des Tathergangs: Letztes gemeinsames Mal von Opfer und Täter, der Wein, die Koteletts, die Kohlbeilage, er vergisst die braune Soße. Ich habe den Mord detailliert geplant und Bertha mit einer vermeintlichen Überraschung ins Verderben gelockt. Hier sei die Stalltür mit dem rostigen Nagel, dort die Güllegrube, deren Deckel vorsätzlich und in gemeiner Weise geöffnet worden sei und deren Gestank meine ansonsten ruchlose Tat angekündigt habe. Die Ausführung der Tat sei besonders grausam gewesen. Man stelle sich vor, seine eigene Frau in einer Kloake zu versenken. Gewissenlos habe ich sie dort mehrere

Wochen liegen gelassen, ohne einen Gedanken an ein ordentliches Begräbnis zu verschwenden. Man habe schließlich durch mehrere Zeugen erfahren, welch niedrigen Charakter ich besäße. Ich sei nicht gerade pathologisch, doch ein Schädling der Gemeinschaft, der sich seiner Pflicht verweigerte, einen überaus ehrenhaften Dienst zu leisten. Große Aufgaben ständen dem Militär bevor, und man brauche jeden einzelnen, um ihnen gerecht zu werden und das große Ansehen des Landes in der Welt zu bewahren. Er schließe seine Rede mit der Forderung, mich für den Rest meines Lebens unschädlich zu machen, ja, er fordere lebenslange Haft, und es fehle nicht viel, und er beantragte anschließende Sicherheitsverwahrung.

Ein Wink des Richters forderte den Verteidiger zu seinem Plädoyer auf. Der Verteidiger erhob sich und begann mit einem Appell an das Gericht. Dort sähe man ein abgesehen von der Mordanklage unbescholtenes Wesen, einen durchaus ehrenhaften Menschen, der seinen Dienst in Kaserne, im Schlachthof und auf den Feldern geleistet habe. Einzelgängertum sei nicht unbedingt strafbar, wenngleich er meine, dass eine gewisse Bändigung durch das Kollektiv das Schlimmste verhütet hätte. Nun sei es aber geschehen, dass ich meiner Frau ein gutes Essen bereitet habe. Das sei in durchaus liebevoller Weise geschehen. Im Verlaufe des Abendessens sei es zu vermehrtem Alkoholgenuss gekommen, der mir nicht gut bekommen sei. Ich habe die Pistole, die unbeaufsichtigt auf dem Dachboden lag, in geistiger Benebelung an mich genommen und meine Frau zu einem Spiel, man könne sagen zu einer Überraschung, in den Stall geführt. Erst dort habe sich das Verhängnis entwickelt. Ich habe meine Frau wohl nur mit der Pistole erschrecken wollen, doch da habe sich ein Schuss gelöst, den Rest kenne man. Es sei also eine Tat im Affekt gewesen, obschon indirekt motiviert durch einen Groll, den ich gegen meine Frau hegte. Mein Geständnis sei ebenfalls schuldmindernd zu bewerten, so dass er fordere, mich wegen Totschlages zu einer Haftstrafe von fünf Jahren zu verurteilen. Er setzte sich. Im Saal erhob sich Gemurmel, eine Bewegung geriet in die Menge, ein Getrampel und Gewoge, das erst durch wiederholtes Klopfen des Richters beendet wurde. Er erteilte mir das letzte Wort.

„Hohes Gericht", soufflierte mein Verteidiger.

„Hohes Gericht", wiederholte ich.

„Ich bitte."

„Ich bitte."

Es entstand eine kurze Pause. Da begann ich erneut: „Hohes Gericht, ich bitte um die Höchststrafe, ja mehr noch, ich bitte um anschließende Sicherheitsverwahrung."

Die Zuschauer waren entrüstet. Wie konnte ein Angeklagter so etwas fordern! Ich habe gefälligst brav das Monster zu spielen, dem man die Höchststrafe aufzwingt. Man fühlte sich um seinen Spaß betrogen.

In dem Aufruhr hinein redete ich in Gedanken: Ich tat es aus Hass. Ich tat es, um mich zu befreien von dem Zwang des Kollektivs und des militärischen Wahnsinns, der unser Land seit Jahrhunderten plagt. Ewig marschieren wir durch die Zeiten, es gibt kein Entrinnen vor unserer Lust, uns und andere zu erniedrigen und zu zwingen. Der Marschtritt der tausend verfolgt uns bis an den jüngsten Tag, aus tausend Kehlen kreischt dazu die Marschmelodie, und mehr als tausendfach sind die Opfer von Krieg und sanktioniertem Mord. Wer nicht mit marschiert im Verein, wird ausgestoßen. Wer dem Befehl nicht gehorcht, wird bestraft, auch wenn unser Land längst eine Demokratie heißt. Es muss ein Ende haben mit dem gedankenlosen Befehl und Gehorsam, der alle Lebensbereiche durchzieht. Es muss ein Mord geschehen an der jahrhundertelangen deutschen Vergangenheit, die sonst nicht aufzuhalten ist und sich manifestiert durch neue Kriege, in die sich gemischt wird.

Was wäre es für eine Befreiung des Individuums, wenn die Heimat des Militarismus seine Armee beseitigte und tausend Standarten auf den Müllplatz der Geschichte wanderten.

Meine Worte blieben ungesagt. Nach Beratung des Gerichts und meiner Verurteilung brachte man mich in meine Zelle, die ich nach wenigen Tagen mit meiner derzeitigen in einem anderen Gefängnis vertauschte.

Vor ein paar Tagen führte man mich in den Besuchsraum. Ich geriet in innere Erregung und hoffte, Ali wiederzusehen. Zu meiner Überraschung saß mein Vater auf einem Stuhl, grau und gebeugt. Meine Mutter sei gestorben. Sie sei an einem Hühnerknochen erstickt. Ob ich zur Beerdigung wolle. Ich verneinte. Er nickte. Wir sprachen noch über Nebensächliches. Zum Abschied drückte er mir heimlich die Hand und tätschelte mit seiner anderen Hand meinen Ellenbogen, so als wollte er mir sagen: Gut.

Ich sah seinen Rücken hinter der Tür verschwinden. An unseren Gräbern wird niemand stehen. Sie werden namenlos sein.